"十三五"职业教育国家规划教材

航空运输类专业系列教材

客舱安全管理与应急处置

汤 黎 何 梅 主 编

欧志鹏 郭雅萌 副主编

电子工业出版社
Publishing House of Electronics Industry
北京·BEIJING

内 容 简 介

本书围绕民航乘务员行业规范要求,以客舱安全管理为基础,从民航乘务员安全职责、旅客安全管理的角度出发,共编写了七章。本书内容可分为两部分。第一部分为第一章和第二章,内容主要包括机组安全职责、各机型乘务员定员及应急撤离程序演示要求、旅客行为不当、旅客非法干扰和扰乱秩序行为、劫机处置及炸弹威胁处置等。第二部分为第三章至第七章,从客舱安全运行的角度,讲述了客舱安全运行规则及不同飞行阶段的安全检查内容与重点,同时对应急设备的使用、应急处置的方法及不同机型、不同环境类型的陆地及水上撤离程序进行了详细介绍,便于学生掌握特殊情况下的应急处置方法与求生技能。最后,以机组资源管理为核心,阐述了相关的民航安全管理基本理论,为学生客舱安全服务技能的培养打下坚实基础。

本书内容丰富、结构合理、清晰易懂,适用于普通高等院校和职业院校空中乘务等专业使用,也可供民用航空企业相关人员参考。

未经许可,不得以任何方式复制或抄袭本书之部分或全部内容。
版权所有,侵权必究。

图书在版编目(CIP)数据

客舱安全管理与应急处置/汤黎,何梅主编. —北京:电子工业出版社,2018.9
ISBN 978-7-121-34769-6

Ⅰ. ①客… Ⅱ. ①汤… ②何… Ⅲ. ①民用航空-旅客运输-客舱-安全管理-高等学校-教材 ②民用航空-旅客运输-客舱-突发事件-处理-高等学校-教材 Ⅳ. ①F560.82

中国版本图书馆 CIP 数据核字(2018)第 165259 号

策划编辑:王艳萍
责任编辑:王艳萍
印　　刷:三河市良远印务有限公司
装　　订:三河市良远印务有限公司
出版发行:电子工业出版社
　　　　　北京市海淀区万寿路 173 信箱　邮编　100036
开　　本:787×1 092　1/16　印张:9　字数:230.4 千字
版　　次:2018 年 9 月第 1 版
印　　次:2022 年 6 月第 10 次印刷
定　　价:29.80 元

凡所购买电子工业出版社图书有缺损问题,请向购买书店调换。若书店售缺,请与本社发行部联系,联系及邮购电话:(010)88254888,88258888。
质量投诉请发邮件至 zlts@phei.com.cn,盗版侵权举报请发邮件至 dbqq@phei.com.cn。
本书咨询联系方式:(010)88254574,wangyp@phei.com.cn。

航空运输类专业系列教材
建设委员会

主任委员
  马广岭(海航集团)
  马　剑(北京临空国际技术研究院)
  杨涵涛(三亚航空旅游职业学院)
  李宗凌(奥凯航空有限公司)
  李爱青(中国航空运输协会)
  李殿春(香港快运航空公司)
  吴三民(郑州中原国际航空控股发展有限公司)
  宋庆华(国际航空运输协会)
  张武安(春秋航空股份有限公司)
  张宝林(西安交通大学)
  陈　燕(中国航空运输协会)
  耿进友(北京外航服务公司)
  黄　伟(重庆机场集团)
  綦　琦(广州民航职业技术学院)

副主任委员
  江洪湖　汤　黎　陈　卓　何　梅　迟　焰
  罗良翌　赵晓硕　赵淑桐　廖正非　熊盛新

委　员

马晓虹	马爱聪	王　东	王　春	王　珺	王　蓓	王冉冉	王仙萌		王若竹
王远梅	王慧然	方凤玲	邓娟娟	孔庆棠	石月红	白冰如	宁　红		邢　蕾
先梦瑜	刘　科	刘　琴	刘　舒	刘连勋	刘晓婷	许　赟	许夏鑫	江　群
范　晔	杜　鹤	杨　敏	杨青云	杨祖高	杨振秋	李广春	吴甜甜	吴啸骅
何　蕾	汪小玲	张　进	张　琳	张　敬	张桂兰	陆　蓉	陈李静	陈晓燕
金　恒	金良奎	周科慧	庞　荣	郑菲菲	赵　艳	郝建萍	胡元群	胡成富
冒耀祺	鸥志鹏	钟波兰	姜　兰	拜明星	姚虹华	姚慧敏	夏　爽	党　杰
徐　竹	徐月芳	徐婷婷	高文霞	郭　凤	郭　宇	郭沙沙	郭　婕	郭珍梅
郭素婷	靠雅荫	郭慧卿	唐红光	曹义莲	曹建华	崔学民	黄山明	黄华温
黄华勇	章　健	韩奋畴	韩海云	程秀全	傅志红	焦红卫	湛　明	俊
谢　芳	谢　苏	路　荣	谭卫娟	熊　忠	潘长宏	霍连才	魏亚波	

总　策　划　江洪湖

协助建设单位

国际航空运输协会	长沙南方职业学院	湖北交通职业技术学院
春秋航空股份有限公司	长沙商贸旅游职业技术学院	广州涉外经济职业技术学院
奥凯航空有限公司	长沙民政学院	武汉东湖光电学校
香港快运航空公司	南京航空航天大学	闽西职业技术学院
重庆机场集团	浙江旅游职业学院	黄冈职业技术学院
北京外航服务公司	潍坊工程职业学院	衡水职业技术学院
北京临空国际技术研究院	江苏工程职业技术学院	山东海事职业学院
郑州中原国际航空控股发展有限公司	江苏安全技术职业学院	安徽建工技师学院
	湖南生物机电职业技术学院	安徽国防科技职业学院
杭州开元书局有限公司	河南交通职业技术学院	惠州市财经职业技术学院
三亚航空旅游职业学院	浙江交通职业技术学院	黑龙江能源职业学院
广州民航职业技术学院	新疆天山职业技术学院	北京经济技术管理学院
浙江育英职业技术学院	正德职业技术学院	四川文化传媒职业学院
西安航空职业技术学院	山东外贸职业学院	济宁职业技术学院
武汉职业技术学院	山东轻工职业学院	泉州海洋职业学院
武汉城市职业学院	三峡旅游职业技术学院	辽源职业技术学院
江西青年职业学院	郑州大学	江海职业技术学院
长沙航空职业技术学院	滨州学院	云南经济管理学院
成都航空职业技术学院	九江学院	江苏航空职业技术学院
上海民航职业技术学院	安阳学院	山东德州科技职业学院
南京旅游职业学院	河南工学院	河南工业贸易职业学院
西安交通大学	中国石油大学	兰州航空工业职工大学
三峡航空学院	厦门南洋学院	四川交通职业技术学院
西安航空学院	广州市交通技师学院	烟台工程职业技术学院
北京理工大学	吉林经济管理干部学院	重庆第二师范学院
北京城市学院	石家庄工程职业学院	南阳师范学院
烟台南山学院	陕西青年职业学院	成都文理学院
青岛工学院	廊坊职业技术学院	郑州工商学院
西安航空职工大学	廊坊燕京职业技术学院	云南旅游职业学院
南通科技职业学院	秦皇岛职业技术学院	武汉外语外事职业学院
中国民航管理干部学院	广州珠江职业技术学院	德阳川江职业学校
郑州航空工业管理学院	武汉外语外事职业学院	

《客舱安全管理与应急处置》
编委会

主　编　汤　黎　何　梅

副主编　欧志鹏　郭雅萌

参　编　赵　力　修　楠　徐晓宇

前言

"安全第一,服务至上"是民航运输工作的重要指导思想,是其赖以生存和发展的基础。为了进一步提高航空安全水平,客舱安全管理与应急处置能力是民航乘务员必备的职业素质之一。在遇到异常情况时,科学地选择对策,正确、果断地采取应急措施,往往能把事故消灭在萌芽状态,也是航空运输安全的重要保障。随着我国民航业的快速发展,民航运输市场对民航乘务人才的需求迅速增加。空中乘务专业作为一个新兴专业,其专业建设和课程改革也在不断地探索与发展之中。

随着教学改革的发展,为了更好地适应民航市场对旅客服务技能的实际要求,进一步加强教材的现实指导意义,编者结合民航乘务员岗位工作实际,秉承教材开发要在一定程度上与工作过程相联系的设计理念,按照企业实际工作任务的工作过程系统化教材开发模式,注重理论与实践相结合,遵循学生职业能力培养的基本规律,从客舱安全管理的角度出发,阐述了客舱内一些突发事件的处理程序与方法,整合、梳理知识内容,并逐步深入。

为使学生在掌握客舱安全与应急处置相关知识的同时,能更好地结合客舱安全管理与服务的实际情况,激发学习兴趣,本书根据不同章节的内容特点,引入了大量的现实案例与资料链接,设置了不同的项目实训,使书中内容更加丰富、生动,易于掌握,便于学生自主学习、分析与思考。

本书由汤黎、何梅担任主编,欧志鹏、郭雅萌担任副主编,赵力、修楠、徐晓宇参编。本书的编写分工是:第一、二、三、六章由何梅编写;第四、五、七章由汤黎编写;欧志鹏、修楠、徐晓宇参与了第一、二、三、六章的校对工作;郭雅萌、赵力负责资料的收集与整理;汤黎、何梅负责全书的统稿工作。

本书在编写过程中得到了武汉职业技术学院、三亚航空旅游职业学院、江西青年职业学院、西安航空学院、中国东方航空武汉有限责任公司的大力支持与帮助,在此表示衷心感谢!

如有老师需要教学资源,请和作者联系,QQ:228651816(邮箱:228651816@qq.com)。

由于教材编写时间紧,编者水平有限,在撰写过程中难免有疏漏和不足之处,恳请各位专家、教师及业内外人士不吝赐教,提出宝贵意见,并在此致以诚挚的谢意!

编 者

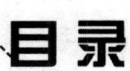

目录

第一章 客舱民航乘务员安全管理 1

第一节 机上指挥系统和指挥权接替 2
一、机上指挥系统 2
二、机上指挥权接替 4

第二节 机组安全职责 4
一、飞行机组安全职责 4
二、客舱乘务组安全职责 5
三、空中警察/航空安全员安全职责 7

第三节 客舱民航乘务员定员规定 7
一、配备民航乘务员原则 7
二、配备民航乘务员标准 8
三、应急撤离程序演示对民航乘务员的规定 9

第二章 旅客安全管理 11

第一节 旅客行为不当管理 12
一、行为不当的定义 12
二、旅客行为不当的范围 12
三、对行为不当旅客的处置 13

第二节 旅客违规和扰乱秩序行为管理 14
一、航空管理规则 14
二、旅客违规行为 14
三、旅客扰乱秩序的行为 15
四、处置措施 15
五、航空安全措施 17
六、民航乘务员防范措施 17

第三节 旅客非法干扰行为管理 18
一、实施航空非法干扰行为的主要人群 18

二、非法干扰的目的 ·· 19
　　三、非法干扰行为的处置 ·· 20
第四节　劫机处置 ·· 23
　　一、劫机概述 ·· 24
　　二、劫机的分类 ·· 24
　　三、反劫机处置的基本原则 ··· 24
　　四、劫机后机组处置措施 ·· 25
　　五、对劫机犯的处理 ·· 26
　　六、机长的决定权 ··· 26
第五节　炸弹威胁处置 ·· 26

第三章　客舱安全运行规则 29

第一节　驾驶舱安全运行规则 ··· 29
　　一、各种情况下客舱与驾驶舱的联络 ···························· 30
　　二、进入驾驶舱人员的限制 ··· 31
第二节　客舱安全程序 ·· 32
　　一、加入机组成员的管理 ·· 32
　　二、客舱安全管理 ··· 32
　　三、飞机推出前的安全检查 ··· 33
　　四、飞机滑出时的安全检查 ··· 33
　　五、飞机起飞前的安全检查 ··· 34
　　六、飞行中的安全检查 ·· 34
　　七、飞机着陆前的安全检查 ··· 34
第三节　客舱安全管理措施和规则 ······································· 34
　　一、航空安全管理措施 ·· 35
　　二、机组安全管理规则 ·· 36

第四章　应急设备 37

第一节　应急设备的种类 ··· 38
　　一、应急供氧设备 ··· 43
　　二、撤离提示系统 ··· 44
　　三、应急出口 ··· 44
　　四、应急滑梯 ··· 45
　　五、灭火设备 ··· 46
　　六、救生船 ·· 48
　　七、救生衣 ·· 48
　　八、救生包 ·· 49

第二节 应急设备的使用及注意事项·· 49
  一、应急供氧设备的使用·· 49
  二、应急出口的选择·· 52
  三、应急滑梯的使用·· 53
  四、灭火设备的使用·· 55
  五、救生船的使用··· 56
  六、救生衣的使用··· 58
  七、安全带的使用··· 59
  八、应急照明设备的使用··· 60
  九、应急无线电信标机的使用··· 61
  十、其他便携式应急设备的使用·· 63

第五章 应急处置·· 67
第一节 应急处置的基本知识··· 68
  一、应急处置的基本原则··· 68
  二、应急撤离的基本知识··· 70
第二节 应急撤离的程序··· 77
  一、应急撤离的分类·· 78
  二、有计划的水、陆撤离程序··· 78
  三、异常情况下的撤离程序··· 81
第三节 应急撤离职责·· 82
  一、B737/A320 机型民航乘务员应急撤离职责····································· 82
  二、应急撤离时的指挥··· 83

第六章 特情处置与求生技能··· 88
第一节 客舱释压·· 89
  一、客舱释压的定义·· 89
  二、客舱释压的分类·· 89
  三、客舱释压的征兆·· 90
  四、缺氧症状·· 90
  五、客舱释压的处置程序··· 91
第二节 机上灭火和排烟··· 93
  一、机上防火的要求·· 94
  二、火源的分类··· 94
  三、灭火程序与火灾情况··· 95
  四、机上排烟··· 98
第三节 安全威胁·· 99

一、安全措施 ··· 99
　　二、最低风险爆炸区 ··· 99
　　三、飞机停留地面时受到蓄意破坏行为的威胁 ································· 100
　　四、在飞行中飞机受到蓄意破坏行为的威胁 ··································· 101
　　五、在飞行中飞机上有炸弹客舱处置程序 ····································· 101
　第四节　求生技能 ··· 103
　　一、基本原则 ··· 103
　　二、陆地求生 ··· 103
　　三、水上求生 ··· 106
　　四、丛林求生 ··· 109
　　五、极地/冬季求生 ··· 110
　　六、沙漠求生 ··· 110
　　七、信号与联络 ··· 111
　　八、辨别方向 ··· 112

第七章　机组资源管理 ··· 117
　第一节　机组资源管理的基本理论 ·· 118
　　一、国际民航组织安全管理体系 ·· 118
　　二、机组资源管理的产生与发展 ·· 119
　　三、机组资源管理的含义与意义 ·· 119
　　四、机组资源管理的训练 ··· 120
　第二节　人为因素 ··· 121
　　一、团队协作 ··· 121
　　二、沟通交流 ··· 123
　第三节　决策与差错管理 ·· 125
　　一、决策的定义 ··· 125
　　二、提高机组决策能力的途径 ··· 126
　　三、差错管理 ··· 126

参考文献 ··· 129

第一章　客舱民航乘务员安全管理

知识目标

(1) 了解机上组织结构。
(2) 了解民航乘务员安全职责。
(3) 了解各机型民航乘务员定员规定。

能力目标

(1) 掌握民航乘务员配备规定。
(2) 掌握应急撤离程序演示中民航乘务员的配备规定。

案例导入

2005年8月,法航某航班飞机出现故障。当飞机在空中盘旋时,乘务组广播告知旅客:"请旅客们不要惊慌,保持镇静,机长就在大家身边。"随后,飞机降落在多伦多皮尔逊国际机场并冲出跑道。飞机停稳后,民航乘务员迅速打开舱门组织旅客撤离,随后飞行员从驾驶舱出来与民航乘务员并肩坚持在起火的飞机中疏散旅客并确认所有旅客都安全撤离,他们才离开飞机。消防负责人称,在52秒内,机上3/4的旅客离开了飞机;在2分钟内,机上297名旅客和12名机组成员全部脱险。机组成员沉着冷静的表现和团结高效的配合受到高度赞扬。

团队协作从来不是单纯的人员叠加,团队工作需要相互协作、友好和专业的气氛、主动合作的意愿及共同的目标。在平时的培训中,飞行员和民航乘务员实施协同训练和密切配合,一旦有事故发生,能够将旅客受害程度限制在最小范围内。通过训练,有利于民航乘务员加深彼此在处于紧急情况时对相互协作顺序的理解,并谋求"加强在紧急情况时的互助和密切配合"。

30年前,商业航空公司的事故率大约是每飞行1.4亿英里发生一起死亡事故。现在各国政府管理机构、飞机制造商和航空公司通力合作,通过制造出更好的飞机,改善安全规章和监督、提高飞行员、民航乘务员和所有与安全飞行有关的航空公司职员培训,使飞行更加安全。如今,商业航空公司的事故率大约是每飞行14亿英里才会发生一起死亡事故。

据国际航协统计，每天都有超过300万旅客乘坐商业飞机旅行。虽然航空事故发生率非常低，但民航乘务员仍有责任随时准备应对紧急情况。自20世纪50年代起，各国政府管理机构就开始要求商业飞机上的民航乘务员必须接受全面的飞行安全程序培训，确保飞机上发生火灾、飞机紧急着陆、客舱释压或遭遇各种级别的气流等情况时，民航乘务员能够进行正确判断并采取应对措施。因此，民航乘务员需要进行大量的应急处置训练。

第一节　机上指挥系统和指挥权接替

在紧急情况下，飞行机组和乘务组成员之间密切协作是确保飞行安全的重要因素。飞行机组和乘务组成员作为一个团队发挥作用，机长对整个团队和旅客负有全责。在飞行前、飞行中和飞行结束时，机长负责并有权处置机上一切事务。副驾驶是第二指挥官。乘务长领导乘务组，在每个航班上，乘务长向民航乘务员下达指令并布置任务，乘务长向机长报告。每个人在这个指挥链中都有特定的岗位和职责。飞机上的工作环境受到严格监管，飞行中的工作报告和职责有清晰的体系，每位机组成员都必须清楚自己的职责所在。当一个民航乘务员因生病、受伤而不能正常工作和处置紧急情况时，其他组员可以承担起更多的职责。飞行机组和乘务组如图1-1所示。

图1-1　飞行机组和乘务组

一、机上指挥系统

机长全权负责管理飞机、机组成员和旅客。在航班任务执行之前、飞行期间和飞行结束时，机长有权利和责任处置飞机上所发生的一切情况。除了驾驶飞机，机长对飞行机组和乘务组成员有最高指挥权，所有的命令和指示都必须得到遵守，即使命令可能与书面程序有所差异。机长的责任非常重大，必须在掌控飞机期间对发生的任何情况都有所准备，在紧急情况下必须立即做出决定并采取行动来保证旅客的安全。

每个航班至少要有两名能驾驶飞机的飞行员。如果一名飞行员在飞行过程中感觉身体不太舒服，第二名飞行员可以补位，接替其驾驶飞机到达目的地。因此，除了机长,每个航班还有一名副驾驶负责协助机长,副驾驶是二号指挥官。

副驾驶有一套独立的操作系统,负责一半的飞行行程,很多情况下和机长交替驾驶。不过一些机场要求飞机在起飞或着陆时必须由机长亲自操作。除了驾驶飞机,副驾驶还要协助机长参与航前准备,检查飞行文件并做飞机的航前检查工作。

在一些长途航班上,当飞行员需要休息时,机上的替补飞行员必须接管工作。例如,在长途夜航航班中,为防止飞行员在操作台上睡着,需要轮班休息。当一名飞行员休息时,飞行机组其他成员就要接替他的位置。空客 A340-600 驾驶舱如图 1-2 所示。

图 1-2　空客 A340-600 驾驶舱

乘务长是民航乘务员的领导者。这个职位在不同航空公司有不同的术语,如客舱经理、高级乘务员、主管乘务员、主任乘务长、首席乘务员或一号乘务员,本书中用乘务长指代此职位。乘务长直接向机长汇报工作,并负责给其他乘务员分配工作号位,组织航前准备会议,以及管理和协调所有乘务员的职责。乘务长负责带领乘务组确保安全和高质量的客舱服务,保证飞行期间乘务组成员遵守公司政策,填写并准备重要的海关和免税文件,撰写飞行中发生的任何不正常或特殊情况的总结报告。飞机上的指挥体系如图 1-3 所示。

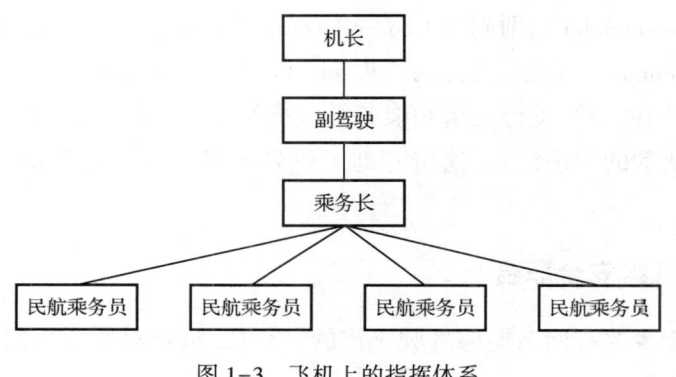

图 1-3　飞机上的指挥体系

一些航空公司会在大型飞机上的不同舱位分别安排民航乘务员进行管理,如头等舱、商务舱、经济舱(高级经济舱)。或者,在每层舱位,民航乘务员只负责专门的区域,但都要向乘务长汇报工作。

每次执行飞行任务时,民航乘务员都要与不同的飞行团队合作。每名民航乘务员都应该明确自己所承担的任务与责任,熟悉其他成员的职责,在飞行中开展客舱服务或处置安全事故时,要与整个团队合作完成日常工作,处理意外事件,共同努力确保旅客的安全和舒适。

二、机上指挥权接替

机组成员的姓名和他们在飞行中所担当的职位,按规定写在每个航班的飞行任务书上,排在飞行任务书上机长栏内的第一位的是该航班的机长,在需三名(含)以上的飞行员的飞行中,排在飞行任务书上机长栏内第二位的是第二机长。

在飞行期间,机长对飞机的运行拥有完全的指挥权和管理权,这种权利是没有限制的。当机长由于生病、生理或其他原因丧失指挥能力时,接替指挥权和管理权的顺序依次为第二机长、副驾驶、飞行机械员、领航员、报务员和乘务长。

乘务组的接替指挥顺序依次是乘务长、区域乘务长、头等舱/公务舱民航乘务员、普通舱民航乘务员、见习民航乘务员。

例如:

(1)波音737-800型飞机乘务组的接替指挥顺序是乘务长、2号民航乘务员、3号民航乘务员、4号民航乘务员、5号民航乘务员、6号民航乘务员。

(2)波音767型飞机乘务组的接替指挥顺序是主任乘务长、2号民航乘务员、3号民航乘务员、4号民航乘务员、5号民航乘务员、6号民航乘务员、7号民航乘务员、8号民航乘务员、9号民航乘务员、10号民航乘务员、11号民航乘务员。

第二节　机组安全职责

每个航班都有一个团队,包括飞行机组成员和乘务组成员。飞行机组成员包括机长(captain/commander)、副驾驶(co-pilot/first officer)。乘务组成员包括乘务长(purser/host attendant)和民航乘务员(flight attendant/airhostess/stewardess/steward)。在这一节中,我们将介绍飞行机组和乘务组成员的安全责任,以及在飞行过程中管理所有团队成员活动的组织结构,这将有助于每名机组成员更有效地与团队里其他成员进行合作。

一、飞行机组安全职责

每个航班至少要有两名能够驾驶飞机的飞行员,机长对所有机组和旅客负责,副驾驶协助机长工作。

（1）在民用航空器起飞前，发现有关方面对民用航空器未采取规定的安全措施的，拒绝起飞。

（2）在民用航空器飞行中，对扰乱民用航空器内秩序、干扰机组人员正常工作而不听劝阻的人员采取必要的管束措施，并且可以在中途经停站强制其离机，中止其旅行。

（3）在民用航空器飞行中，对劫持、破坏民用航空器或者其他危及安全的行为，采取必要的措施。

（4）在民用航空器飞行中遇到特殊情况时，对民用航空器的处置做最后决定。

（5）对危及民用航空器及其所载人员和财产的安全、破坏客舱内秩序的人员，机长可以要求机组其他人员给予协助管束，或者授权旅客协助管束。

二、客舱乘务组安全职责

（一）总则

保证旅客安全是法律赋予民航乘务员的最高职责。民航乘务员在执行航班任务过程中应认真执行民用航空法有关规定，遵守公布的标准、规范、程序和准则。在每次航班飞行中，民航乘务员隶属机长领导并协助机长保障客舱、旅客和货舱的安全。在整个飞行期间，乘务组应团结、协作履行服务职责，提高服务质量，保证航班正常。遇到特殊情况时，民航乘务员应能够充分利用机上的应急设备，沉着、冷静地进行处置。

（二）乘务长安全职责

乘务长在执行航班任务过程中隶属机长领导，组织乘务组成员履行客舱安全和服务工作职责，负责处理客舱安全及机上服务的各项事宜，执行机长在其职责范围内发布的指令，协助机长保证旅客、客舱和货物安全。组织乘务组完成飞行前准备工作，对机上重要的安全和服务设施/设备、机上供应品、配餐食品以及客舱清洁等进行检查和确认。

（1）乘务长有权组织指挥乘务组全体组员的机上服务工作，要求并监督组员遵守落实各项安全规定，纠正组员的违规行为，组员必须服从管理。

（2）乘务长有权根据组员的工作能力，编排组员工作岗位，组员必须按照岗位分工完成本岗位职责。

（3）当航班由于各种原因而出现低于正常乘务组定员飞行的情况时，乘务长有权合理调整各区域民航乘务员职责。

（4）当航班中出现特殊情况时，乘务长有权更改服务计划，合理调整民航乘务员的工作区域，及时妥善处理旅客投诉等各种事宜，并将有关情况填写在《乘务日志》《航班特殊情况报告表》等文件中。

（5）乘务长有权向管理部门提出对违反规章制度的民航乘务员给予处理的建议。

（6）乘务长有权向管理部门提出对未能严格管理的区域乘务长进行降级处理的建议。

（7）乘务长有权取消由于证件失效、证件或资料携带不全及其他严重影响组员合作的组员的飞行资格。

（8）乘务长有权提出更换健康状况不符合飞行要求的组员,有向主管部门提出改进服务的建议的权利,有向主管部门建议奖励民航乘务员(长)的权利。

在飞行中遇有紧急情况时,乘务长应及时向机长报告,并负责机上紧急情况下的广播,在机长的指示下指挥民航乘务员充分利用机上应急设备沉着、冷静地进行处置,尽全力保证飞机和旅客安全。

（三）区域乘务长安全职责

区域乘务长隶属机长、乘务长领导,协助乘务长处理机上及客舱安全的有关事宜。

（1）对所管辖区域的服务工作及客舱安全进行全面管理,督促该区域民航乘务员按规定做好服务工作。

（2）向乘务长报告本区域需要报告的情况(客舱设备故障、本区域旅客的反映等),及时向乘务长反馈各种信息,提出合理化建议。

（四）客舱民航乘务员安全职责

客舱民航乘务员隶属机长、乘务长领导,按照规定操作、管理服务和应急设备,履行所在岗位客舱安全职责。

（1）民航乘务员负责管辖所在区域的客舱安全,在紧急情况下根据机长、乘务长指令实施客舱紧急程序。

（2）与其他民航乘务员做好协调配合工作,及时将本区域旅客的特殊情况报告区域乘务长。

（3）负责保管、交还旅客的物品及落地后的客舱检查,过站时与接班的乘务组做好交接以免丢失。中途留守的民航乘务员不得随意离开指定岗位。

（4）正确操作、爱护机上设备,如有损坏或缺少及时报告区域乘务长。

（五）厨房民航乘务员安全职责

厨房民航乘务员在乘务长和区域乘务长的领导下开展工作。

（1）负责所管辖厨房内食品、供应品的检查,确保食品、供应品的数量,餐食的种类、质量,明确存放位置,并报告区域乘务长。

（2）空中服务时做好餐饮服务的各项准备工作,按规定烘烤餐食,餐食温度适中。

（3）正确使用厨房设备,确保厨房整洁、餐具干净无污物,各种物品摆放美观。认真填写各项单据,做好交接工作。

（六）广播员安全职责

广播员在乘务长的领导下,除完成本区域的工作职责外,还履行机上广播员的职责。

（1）遇有航班延误、颠簸等特殊情况,及时用中外文广播通知旅客。

(2) 正确使用广播/录像设备，广播器不得让旅客使用。

三、空中警察/航空安全员安全职责

民航总局公安局向公共航空运输企业派驻空中警察队伍，空中警察队伍受民航总局公安局和公共航空运输企业双重管理，以民航总局公安局领导为主；公共航空运输企业应当配备航空安全员，航空安全员在业务上接受民航总局公安局的领导。

民用航空器在飞行中的安全保卫工作由机长统一负责。空中警察和航空安全员在机长领导下，承担安全保卫的具体工作。

(1) 对民用航空器客舱实施安全检查。

(2) 在民用航空器起飞前，发现所载旅客、行李、物品未经过安全检查或者发现危及航空安全的情况时，应当建议机长暂缓起飞。

(3) 维护民用航空器客舱内秩序，及时制止危及航空安全的行为。

(4) 制止未经批准的人员进入驾驶舱。

(5) 依法对民用航空器所载的可疑人员和行李物品进行检查。

(6) 防范和制止劫持、爆炸、破坏民用航空器等违法犯罪行为及其他非法干扰民用航空活动的行为。

(7) 协助有关部门做好被押解对象和被遣返人员的看管工作。

(8) 法律、法规规定的其他职责。

空中警察和航空安全员携带武器执行国际或地区航班任务，应当遵守到达国(地区)有关规定，或者按照双边有关协定执行。

第三节　客舱民航乘务员定员规定

每个航班上的值勤民航乘务员数量取决于飞机机型，民航法规对每架飞机上民航乘务员的最低配置有明确要求，航空公司通常根据飞机上的旅客数量和所需的服务水平增加民航乘务员，如头等舱或商务舱，通常会安排专职民航乘务员给旅客提供更好的服务。民航管理局认可各个航空公司决定的飞机搭载民航乘务员的最低配置。

按照最低配置安排民航乘务员执行任务对于航空公司来说并非总是可取的，因为民航乘务员可能因受伤或生病无法完成工作，这将导致没有足够的民航乘务员为航班正常运行提供服务保障。

一、配备民航乘务员原则

(1) 在载客飞行中所用的旅客座位数大于44的每个型号的飞机，能够使包括机组成员在内的满载量乘员可以在90秒钟(含)以内撤离飞机。

(2) 在起飞和着陆时，每个客舱区域的民航乘务员必须坐在能看见大多数旅客的座位。这项规定被称为"直视旅客"。

(3) 一名民航乘务员要为50个座位上的旅客服务。

二、配备民航乘务员标准

(一) 最低编制的客舱民航乘务员配备

为保证安全运行,航空公司在每架载运旅客的飞机上必须按照《大型飞机公共航空运输承运人运行合格审定规则》(CCAR-121-R5)的要求配备一定数量的客舱民航乘务员。

(1) 对于旅客座位数量为20~50的飞机,至少配备1名客舱民航乘务员;

(2) 对于旅客座位数量为51~100的飞机,至少配备2名客舱民航乘务员;

(3) 对于旅客座位数量超过100的飞机,在配备2名客舱民航乘务员的基础上,按照每增加50个旅客座位增加1名客舱民航乘务员的方法配备,不足50的余数部分按照50计算。

(二) 应急撤离程序演示的客舱民航乘务员配备

按照《大型飞机公共航空运输承运人运行合格审定规则》(CCAR-121-R5)第121.161条要求进行应急撤离程序演示规定,航空公司安排的客舱民航乘务员人数应多于对演示所用飞机的最大旅客座位数量按最低编制配备的民航乘务员人数,航空公司应当按照下列条件配备客舱民航乘务员:

(1) 飞机为最大旅客座位数量布局时,客舱民航乘务员人数应当至少等于应急撤离程序演示期间所用的人数。

(2) 飞机为任一减少了旅客座位数量的布局时,客舱民航乘务员人数应当至少在对该布局旅客座位数量按最低编制配备的人数之外,再增加应急撤离程序演示期间所用人数与上述对该布局按最低编制配备所要求人数之差。

(3) 在起飞和着陆过程中,客舱民航乘务员应当尽可能地靠近所要求的地板高度出口,而且应当在整个客舱内均匀分布,以便在应急撤离时最有效地疏散旅客。在滑行期间,客舱民航乘务员除完成保障飞机和机上人员安全的任务外,其他时间应当坐在其值勤位置并系好安全带和肩带。

航空公司在制定民航乘务员配备数时,除了满足上述要求,还需考虑出口数量、出口类型和撤离手段、出口位置、客舱乘务员座位位置、航线类型等因素。

例如:海南航空各机型定员。

① 最低编制。海南航空在进行飞行运行时,每架载运旅客的飞机上,至少安排表1-1所示最低编制人数的民航乘务员。

表1-1 海南航空各机型最低编制

机　　型	最低编制
B737-300	4名
B737-400	4名

续表

机　型	最低编制
B737-800	4名
B767-300ER	8名

② 定员编制。海南航空在进行飞行运行时，每架载运旅客的飞机上，定员编制安排民航乘务员的人数如表1-2所示。

表1-2　海南航空各机型定员编制

机　型	定员编制
B737-300	5名
B737-400	5名
B737-800	6名
B767-300ER	11名

三、应急撤离程序演示对民航乘务员的规定

航空公司应依照《大型飞机公共航空运输承运人运行合格审定规则》(CCAR-121-R5)第121.161条规定的应急撤离程序演示准则进行应急撤离程序的实际演示，证明在载客飞行中所用的旅客座位数大于44座的每个型号的飞机，能够使包括机组成员在内的满载量乘员在90秒(含)以内撤离飞机。

航空公司在进行应急撤离程序演示时应当遵守下列规定：

(1) 实施不要求旅客参加，但要在民航总局观察下进行的演示，以验证航空公司机组成员应急生存训练和应急撤离程序的有效性。在这种演示中，该型号飞机的客舱民航乘务员，应当使用航空公司的航线操作程序，按照规定的应急撤离职责，打开50%所要求的地板高度的应急出口和50%所要求的非地板高度的应急出口，并放下50%的应急出口滑梯。这些应急出口和滑梯由民航总局选定，并且应当在15秒内准备就绪以供使用。

(2) 在实施这种演示之前，向负责监督其运行的民航地区管理局提出申请并获得批准。

(3) 在这种演示中使用的客舱民航乘务员，由民航总局从已经完成航空公司经民航总局批准的该型号飞机训练大纲的训练，并已通过应急设备和应急程序考试的客舱民航乘务员中随机挑选。

(4) 在开始实施该型号飞机的运行之前，向负责监督其运行的民航地区管理局提出申请并获得批准。

(5) 每个使用或者计划使用一架或者多架陆上飞机做延伸跨水运行或者按照要求配备相应应急设备的航空公司，应当按照《大型飞机公共航空运输承运人运行合格

审定规则》(CCAR-121-R5)第 121.161 条的相应规定进行模拟水上迫降,证明其能有效地完成水上迫降程序。

(6)民航总局选定待充气的救生筏或滑梯救生筏,救生筏都要求从其存放处取下,其中一个救生筏被投放并充气或者一个滑梯救生筏被充气,并且指定负责该充气救生筏或者滑梯救生筏的机组成员表演并说明了每项必需应急设备的使用,则认为已经符合要求。

项目实训

如果你是某航空公司乘务排班员,请给三亚至北京,B737-800 型飞机,在下列两种情况下,安排乘务组员。

(1)订座系统显示,航班满载。
(2)订座系统显示,客票销售 100 张。

自我检测

(1)简述机上指挥系统。
(2)简述飞机上指挥权的接替顺序。
(3)简述客舱民航乘务员的安全职责。
(4)简述配备民航乘务员的定员标准。
(5)简述对应急撤离程序演示的规定。

第二章　旅客安全管理

知识目标

(1) 掌握航空业面临的主要威胁。
(2) 了解旅客违规和扰乱秩序行为管理。
(3) 了解旅客非法干扰行为处置规定。
(4) 了解劫机处置措施。
(5) 了解炸弹处置程序。

能力目标

(1) 掌握旅客非法干扰行为处置程序。
(2) 掌握劫机后机组处置措施。
(3) 掌握炸弹搜寻方法。

案例导入

1990年广州白云机场劫机事件

1990年10月2日,劫机者蒋晓峰登上一架厦门开往广州白云机场的波音737飞机,在飞行途中,蒋晓峰突然离座冲向驾驶舱,声称身上绑有7公斤炸药,以引爆相威胁,将飞行机组人员赶出驾驶舱,只留一人驾驶。飞行员并没有打算满足劫机者的要求,试图使其相信飞机上没有足够的燃料,并继续飞往广州,寻求降落机会。劫机者随后试图袭击飞行员并独自驾机未果。当飞机在广州白云机场着陆后滑跑时,劫机者对驾驶员施以暴力,致使飞机失控,偏离跑道,这架波音737飞机撞上了另一架飞机而起火(见图2-1)。灾难造成128名乘客及机组人员遇难。

航空业一直以来广受公众、媒体和政府的高度关注,针对航空业的劫机、犯罪和违反安保的行为等事件也在不断增加,这些对航空业的暴力和破坏行为通常是由恐怖分子、罪犯、精神失常者甚至有犯罪动机的业内人员实施的。航空业所有从业人员有责任了解潜在威胁并正确处置,以最大限度地降低人员伤亡和财产损失。

图 2-1 广州白云机场劫机事件

第一节 旅客行为不当管理

在航班飞行中,一名或多名旅客的破坏性行为将对其他旅客或飞机的安全形成威胁,民航乘务员必须及时、冷静地进行处理。本节将介绍旅客哪些行为不当可能具有破坏性,以及在遇到行为不当的旅客时民航乘务员的处置措施。

一、行为不当的定义

行为不当的旅客是指那些阻止民航乘务员履行职责,从而对航空安全构成威胁的旅客。

在旅客登机时,民航乘务员应观察旅客的行为。如果旅客在登机时举止可疑或有威胁性的行为,民航乘务员应采取措施进行查证并决定是否有必要在飞机起飞前将该旅客带离飞机。在飞行的过程中,民航乘务员发现旅客行为不当时,处置难度会更大,民航乘务员在采取措施时要避免旅客的行为向更具有威胁性或更暴力的方向发展。如果民航乘务员处置不当,一件小事也可能迅速恶化。如旅客有威胁性或侮辱性的行为,或对飞行安全构成威胁时,这就成了安全问题,民航乘务员必须严肃对待,对行为不当的旅客可能造成的后果要保持警惕,并积极主动地采取必要的措施,冷静、高效地消除破坏性甚至是暴力行为。

二、旅客行为不当的范围

旅客行为不当主要表现在以下方面:
(1) 对机组人员和其他旅客进行语言攻击。
(2) 威胁要进行伤害。
(3) 以不恰当或进攻性方式与机组人员或其他旅客发生身体接触。
(4) 不遵守民航乘务员或机长的指令。

(5) 违反公布和明示的规则(在飞机的禁烟区内吸烟并不听劝阻的行为;在飞机飞行中使用已声明不准使用的任何通信载体、电子玩具、仪器设备等)。

(6) 试图闯驾驶舱。

(7) 乱动应急出口或应急设备。

(8) 过量饮酒。

三、对行为不当旅客的处置

民航乘务员的首要职责是确保旅客的安全、健康和舒适。因此,民航乘务员必须辨别旅客的不当行为并及时、正确地进行处置。可以把旅客的不当行为分成不同等级,如表2-1所示,根据具体情况采取正确的处置措施。

表2-1 旅客不当行为等级及正确的处置措施

等级	描述	具体案例	处置措施
一级	旅客表现出破坏性行为,但遵守民航乘务员要求	一名旅客与过道另一侧旅客发生争吵,他们的言辞和语气都不恰当	民航乘务员要求旅客停止争吵,并为其中一名旅客调换座位,将他们分开,防止情况恶化
二级	旅客对民航乘务员的要求没有反应,继续采取破坏性行为	一名旅客被确定两次在卫生间吸烟。乘务长在该旅客第一次吸烟时已告知在整个飞行期间卫生间禁止吸烟,旅客必须遵守此规定	建议给旅客书面警告,声明继续这种行为将造成的后果
三级	(1)在两次警告后继续干扰机组人员行使职责的行为; (2)使民航乘务员或旅客受伤,对民航乘务员或旅客造成严重伤害的威胁性行为; (3)必须使用禁锢用具控制旅客以确保飞机、机组人员和旅客的安全	旅客推搡走近的机组人员并猛击试图制服自己的旅客	某些情况需要立即拘禁该旅客或改变航线,机长对任何安全问题及需要采取的措施有最高处置权

所有涉及旅客不当行为的事件都要上报并按照航空公司规定记录,相关民航乘务员需要填写航空公司相关文件或提供书面证词,有助于航空公司或其他部门对事件和情况有所了解,这些资料在犯罪分子接受审判时将作为证据。

第二节　旅客违规和扰乱秩序行为管理

案例导入

醉酒旅客乘飞机欲在空中打开安全门

2015年1月15日,长沙飞往呼和浩特的某航空公司航班上,一名旅客大声说话,并和身边的旅客发生了争执。民航乘务员过来调解后,不一会儿该旅客又和身边的旅客发生了更激烈的争吵。飞机快要降落时,民航乘务员提示旅客系好安全带,该旅客不但不系安全带,还站起来追着民航乘务员吵架。飞机抵达呼和浩特上空,起落架已经放下来了,该旅客突然站起身来,试图打开飞机的安全门。空警和机组人员合力将该旅客控制,并通知呼和浩特机场公安局民警,飞机降落后,该旅客被强制带离飞机。

在机场公安局派出所,民警发现该冯姓旅客浑身酒气,并且拒不承认自己在飞机上的行为。机场公安民警经多方调查,所有乘客都愿意实名作证冯某的确在飞机上闹事。公安民警给冯某出示了证据,并依法对冯某处以行政拘留10天,罚款500元的处罚。

一、航空管理规则

旅客应遵守《中华人民共和国民用航空法》《大型飞机公共航空运输承运人运行合格审定规则》《中华人民共和国民用航空安全保卫条例》及《中华人民共和国治安管理处罚法》中的有关规定。

旅客违规和不文明行为包括可能危及飞行安全的行为和扰乱秩序的行为。航空公司的基本原则和责任是,首先应委婉恰当地劝告旅客遵守航空法法规,如果旅客拒绝或不能遵守法规,应立即通知机长以寻求合适的解决办法。

二、旅客违规行为

旅客违规行为是指可能危及飞行安全的行为,包括但不限于:
(1) 戏言劫机、炸机;
(2) 未经许可企图进入驾驶舱;
(3) 违反规定不听劝阻;
(4) 在客舱洗手间内吸烟;
(5) 殴打机组人员或威胁伤害他人;
(6) 谎报险情、危及飞行安全;

(7) 未经允许使用电子设备；
(8) 盗窃或者故意损坏救生设备；
(9) 违反规定开启机上应急救生设备；
(10) 其他可能危及飞行安全的行为。

三、旅客扰乱秩序的行为

旅客扰乱秩序的行为，包括但不限于：
(1) 寻衅滋事、殴打旅客；
(2) 酗酒滋事；
(3) 性骚扰；
(4) 破坏公共设施；
(5) 盗窃机上物品；
(6) 在禁烟区吸烟；
(7) 冲击机场；
(8) 强行登占航空器；
(9) 其他扰乱民用航空器运营秩序的行为。

四、处置措施

机场管理机构和公共航空运输企业应当按照《处置非法干扰民用航空安全行为程序》(总局公发〔1999〕174号)做相应处置规定。

（一）客舱内酗酒滋事、性骚扰、打架斗殴、偷窃机上物品、在禁烟区内吸烟等扰乱秩序行为的处置

1. 飞机起飞前

民航乘务员或安全员应对酗酒滋事、打架斗殴行为及时制止，制止无效报经机长同意，立即通知机场公安机关将行为人带离飞机。

2. 飞机飞行中

(1) 飞行中发现酗酒滋事行为，民航乘务员应责成其同行者予以控制。如无同行者或同行者无法控制，安全员可报请机长同意，对其采取临时管制措施，飞机落地后移交机场公安机关处理。

(2) 在飞行中发现有性骚扰行为，民航乘务员应视情况调整当事人的座位，避免发生冲突。

(3) 在飞行中发生上述行为直接威胁到机组和旅客人身安全、飞行安全或无法制止事态发展时，安全员应报经机长同意对行为人采取临时管制措施。

(4) 在飞机上发生偷窃机上物品事件时，机组应通过空管部门及时通知机场公安机关做好处置准备。

（二）偷盗、违反规定开启或损坏机上应急救生设备等行为的处置

(1) 对于偷窃、损坏机上应急救生设备的行为人，机组应及时采取措施消除危

害,并将行为人及相关证据移交机场公安机关处理。

（2）对于无意触碰、开启机上应急救生设备的行为人,机组应及时制止,未造成后果的,可对行为人进行教育;致使设备损坏、造成严重后果的,机组应采取补救措施,并及时收集有关证据移交机场公安机关处理。

（3）机长应指令机组人员在旅客登机后进行必要的通告和宣传,对机上应急设备进行经常性检查,安全员要注意及时收集非法行为证据。

（三）飞机上盗窃旅客财物行为的处置

1. 飞机起飞前

任一机组人员发现盗窃行为时应及时制止,并立即通过乘务长报经机长同意,通知机场公安机关登机处理。

2. 飞机飞行中

（1）在飞行中一旦发现机上有盗窃行为,民航乘务员要沉着冷静,不宜直接对嫌疑人采取措施,避免造成混乱。

（2）民航乘务员应立即通过乘务长报经机长,并监控嫌疑人,同时保护好物证,不允许任何人触碰"证物"。

（3）在确认是一人作案的情况下,安全员在可以控制局面的前提下表明身份,对嫌疑人采取管束措施。

（4）在不能确定是否一人作案时,安全员应以调解员的身份进行调解工作,民航乘务员可帮助协调"当事人"调整座位并进行调解,乘务长协助调解,注意控制双方的情绪,避免在机上发生骚扰或打斗事件,危及航空安全。

（5）机长应及时与目的地机场公安机关取得联系,待飞机落地后,将嫌疑人、当事人、证人和证物一并移交公安机关处理。

不论是在飞行前或在飞行中发生的盗窃旅客财物事件,自始至终,所有民航乘务员必须做好旅客的安抚和解释工作,及时缓和客舱内紧张气氛,安全员要认真履行职责,加强巡查,防止再次发生盗窃事件。

（6）所有机组人员应积极协助公安机关调查取证。

（四）旅客携带管制刀具、武器等凶器的行为的处置

1. 飞机起飞前

（1）民航乘务员和安全员应立即报告机长。

（2）机长通知机场公安机关登机进行处置。

（3）机组应积极配合机场公安机关进行处置,并提供证据。

（4）在该事件未得到处置前,飞机不能起飞。

2. 飞机飞行中

（1）乘务长、安全员应立即报告机长,并通知机上各区域民航乘务员提高警惕。

（2）机长通知全体机组成员做好处置突发事件的准备。

（3）机长立即将情况报告空中交通管制(ATC)和航空公司运行控制中心,并协

调地面制定处置方案。

（4）按机长指令，由安全员与该旅客进行周旋。

（5）民航乘务员要注意观察旅客动态，维持好客舱秩序。

（6）飞机降落后，机组配合地面机场公安机关进行处理。

五、航空安全措施

为遏制威胁，航空安全措施包括以下方面。

（一）机场安全

确保整个机场不被袭击。这包括对机场区域的监管与安全防护，国界区域的日常巡逻，保持飞机跑道区域的安全和不被违法者入侵，并且在特定情况下只准机场工作人员和旅客进入候机楼。

（二）飞机安全

在飞机停场期间，为确保安全，应关闭飞机舱门。

（三）旅客与客舱行李

安全检查是保证所有旅客和其行李中不携带武器或危险物品的必要措施。

（四）托运行李

确保托运的行李都通过安全检查，并且在每架飞机上都有托运行李的携带者。

（五）货物和邮件

检查并扫描所有的货物和邮件物品，跟踪其运送的过程，检查发运者和收货者的身份。

（六）机上与机场的供应品

所有供餐设备、机上与机场的商店都遵循严格的安全检查措施。

（七）飞行中的安全措施

航班中的运行程序是为了确保非法干扰行为没有机会袭击飞机和工作人员。

（八）工作人员的聘用与培训

机组成员保持高度警惕，发现任何情况都要上报，并且在安全事故发生后要立即采取行动。所有员工要经过背景资料审查，才能申请机场身份证，以进入限制区域。

（九）安全设备

安全设备是指在安全事故中，机组成员为了降低风险而使用的设备。要确保安全设备在指定位置，防止犯罪者接近这些设备或损害飞机安全。

六、民航乘务员防范措施

任何与航空运营活动有关的个人都有责任遵守和恰当实施安全程序，民航乘务员更应随时保持高度警觉，而不仅是在有特定安全警报时才警觉。

民航乘务员首先应妥善保管自己的制服、身份证和民航乘务员工作手册。工作手册能够被恐怖分子利用以获得安全程序信息，制服可被他们用来伪装成航空公司民航乘务员。任何这类物品的丢失或者被盗都应向航空公司上报。

在任何情况下都不允许机组人员替他人捎带物品,如给他人捎带包裹或信件。

在飞行前,机组人员需执行客舱安全检查,确保负责的客舱区域内没有隐藏的外来物品或人员。在飞行过程中,要监控旅客是否有可疑行为。

机组人员在确保没有任何非法干扰危害飞机、机组人员或旅客安全的事件发生方面发挥着重要的作用,因为他们有责任对客舱进行监控,包括从开展安全检查到进出驾驶舱等各个环节。国际和国内民航组织,以及航空界的共同努力都将有效地实施安全策略,保证飞行安全。

资料链接

《大型飞机公共航空运输承运人运行合格审定规则》(民航局令第195号)CCAR-121-R5第121.575条"在机上饮用含酒精饮料的限制"内容如下。

(1)除运行该飞机的合格证持有人供应的含酒精饮料外,任何人不得在飞机上饮用其他含酒精饮料。

(2)合格证持有人不得允许任何处于醉酒状态的人进入其飞机。

(3)合格证持有人不得向乘坐其飞机的下列人员供应任何含酒精饮料:

① 表现为醉酒状态的人;

② 按照适用的飞机保安要求,正在护送别人的人或者被护送的人;

③ 按照适用的飞机保安要求,在飞机上持有致命性或者危险性武器的人。

(4)当发现有人拒绝遵守本条(1)、(2)款的规定,或者发生由于处于醉酒状态的人进入飞机引起的骚扰事件时,机长和机长授权人员应当场制止,合格证持有人应当在事发后5天内向民航局报告。

第三节 旅客非法干扰行为管理

早期航空业内的航空干扰行为极少。随着航空业的快速发展,更多大型飞机的引进,劫持飞机、破坏航空安全及其他违法行为在持续增多。《东京公约》对航空器内的犯罪行动,包括对航空器内违反刑法的罪行及危害航空器以及其所载人员或财产的安全、危害良好秩序和纪律的行为管辖问题做了规定,允许遵守协议的国家的下属航空公司起诉任何干扰飞机、飞机系统、飞机旅客或者机组人员的行为,并且同时也允许机长对任何有犯罪行为或者即将有类似过激行为的人进行身体约束。

一、实施航空非法干扰行为的主要人群

(一)犯罪分子

犯罪分子通过破坏航空公司运营,最终达到自己获利的目的。这些行为包括:挟持人质获取赎金、逃离罪责获得出国的安全通道。

(二) 政治激进分子

政治激进分子通过实施非法的干预来获取公众的注意。在1961年的一次劫持事件中,一架飞机曾被劫持用来在葡萄牙的里斯本空投传单以反抗本国的专政。在空投结束后,动机者要求机组人员把他们送往摩洛哥的安全地带。

(三) 难民

难民通常没有组织性,并很少为了进入他国、寻求庇护或寻求当局救助而尝试非法行为。1993年,一架苏联飞机在彼尔姆被劫持,两名伊朗劫持者要求飞机飞到挪威。飞机着陆后,劫持者投降,而人质也获得自由。最终,政府拨款让劫持者在挪威进行政治避难。

(四) 精神不健康的人群

这些人通常是模仿他人的行为,甚至不清楚自己这么做的原因,因而这些行为是不可预测的。

(五) 恐怖分子

恐怖分子是最危险的。这类人群有很多动机,通常是出于政治或宗教原因。他们要最大程度地宣传他们的目标,并使他人反对当局和政府。他们通常都很有组织性并进行过专门训练,也有很多可获得的资源。最著名的劫持事件是2001年9月11日在美国实施的恐怖袭击,几架飞机同时被劫持并飞向美国主要的地标,致使几千的平民和19名劫机者遇难。

二、非法干扰的目的

(一) 袭击设备

袭击设备是指以爆炸、挟持人质、偷窃或其他行为袭击机场办公室、仓库、飞机棚、酒店(有机组入住)、航班或航班机组成员,以达到干扰航空运营并获得公众注意的目的。1985年12月24日,革命团体GAR宣布对西班牙国家航空公司驻里斯本售票处的炸弹袭击负责,起因是抗议一名巴斯克族年轻人在警察局拘留期间被杀。

(二) 破坏活动

破坏活动是指通过使用具有爆炸性设施、可燃性设施或两者结合物实施破坏的行为。虽然大多数机场和飞机上都有严格的安检措施,但还是有自杀性破坏分子携带这些设备或将其藏入行李箱中带到机场或飞机上。

2001年12月22日,美国航空从巴黎到纽约的航班上有一位旅客,试图引燃隐藏在鞋中的爆炸物。起初,民航乘务员以为他在试图点燃一根火柴,接着发现情况异常,在另两位民航乘务员和其他旅客的帮助下将其制服,随后,民航乘务员检查出爆炸物,飞机转向飞往波士顿。这名叫理查德·里德的旅客被捕并被控告与各种恐怖行动相关联,被判110年的监禁和2百万美元的罚款。此后,很多机场要求旅客过安检时脱下鞋子进行进一步检测。

2006年,英国警方在往返大西洋的客机上发现一起爆炸阴谋。恐怖事件的策划者企图携带伪装好的液体炸药登上从英国飞往美国、加拿大的飞机,并计划在空中实施引爆。此后,国际航班上的旅客被要求只允许携带少量液体,此条限制适用于所有的旅客和机组成员。

三、非法干扰行为的处置

民用航空行政管理部门、地方人民政府、军事部门、公共航空运输企业、机场管理机构、机场公安机关及机场租户应当根据国家有关预案制定各自的航空保安应急处置预案,装备通信系统,向工作人员发布指令并进行培训,以便应对发生在我国、影响我国及可能对我国民航安全产生不利影响的非法干扰行为。

尽量保证遭受非法干扰行为的航空器滞留于地面。旅客和机组的安全获释是最高目标,应当优先于其他一切考虑。当生命、财产受到严重威胁时应当采取有效措施,以防止或尽可能将损失和伤害减至最小。谈判始终优先于武力的使用,直至没有继续谈判的可能性。保证通信渠道的畅通、程序的执行和设备的使用。

（一）责任

民航总局按照《国家处置劫机事件总体预案》制定实施方案,并负责该实施方案在民航系统的贯彻落实。机场管理机构和公共航空运输企业应当制定应对非法干扰行为的应急处置预案,保证能够得到实施预案所需的资源、设备和人员方面的支援。民用航空行政管理部门、地方人民政府、军事部门、公共航空运输企业、机场管理机构、机场公安机关及机场租户应当为传递有关非法干扰行为的机密信息制定标准程序,其中应当包括保证不得擅自将信息泄露给媒体或可能危及民用航空安全的任何人。

空中交通管制部门应当对受到非法干扰的航空器提供优先服务。机场管理机构应当保证机场对受到非法干扰的航空器保持开放并供其使用。民用航空行政管理部门、机场公安机关、军事部门、公共航空运输企业、机场管理机构有义务为受到非法干扰的航空器上的旅客和机组的安全采取适当措施,直到其能够继续旅行。

（二）威胁评估和分级处置

民航总局根据监测到的对民用航空可能发生的非法干扰的信息发布威胁警报。威胁警报分为:高度威胁(一级)、严重威胁(二级)、中度威胁(三级)、轻度威胁(四级),依次使用红色、橙色、黄色和蓝色表示。

机场管理机构和公共航空运输企业应当按照《民用航空威胁警报处置规定》的要求,根据威胁警报等级,启动相应级别的安全保卫措施。威胁警报发布单位应当根据当前的威胁程度,及时变更威胁等级。

（三）先期处置

收到表明即将发生、正在发生或已经发生的非法干扰行为的信息时,所有单位应当按照各自预案采取相应行动。采取的行动包括依照应急预案向有关方面传递信息、评估信息,并与有关方面商定行动计划。收到信息的机构负责尽可能多地收集和记录此信息的相关资料，并对该事件做出正确的评估。

国家处置劫机事件领导小组办公室会同成员单位负责对有关信息和取得的证据提出明确合理的意见，与收到信息的有关机构共同进行评估，并将威胁情报分为"明确的""不明确的""虚假的"。做出评估后，应当立即通知有关方面，并按照各自的预案采取进一步行动。

（四）指挥

根据威胁警报的等级，分别启动国家、地方、机场的应急处置预案，并按照应急预案采取进一步行动。处置发生在我国境内的带有政治性目的、恐怖性劫机、爆炸等严重非法干扰行为，由国家处置劫机事件领导小组组长或由其授权的副组长负责指挥，其他非法干扰行为的处置由民航总局局长或其授权的人员负责指挥。

负责启动应急处置预案的机构应当负责对应急处置中心设施、设备的定期维修测试，确保其始终处于良好的工作状态。当非法干扰行为涉及航空器时，该行动指挥通过下列程序完成：

（1）受到非法干扰的航空器在飞行阶段或者着陆后到停止期间，或从为起飞开始滑行起直到离开我国管制空域期间，指挥协调工作通过民航空中交通管制部门实施。

（2）受到非法干扰的航空器从着陆滑行起，直到事件结束或航空器为重新起飞开始滑行止，指挥协调工作通过着陆地机场应急指挥中心实施。

（五）空中导航服务

空中交通管制部门收到航空器空中遭遇非法干扰的报告时，应当提供优先服务，指挥其他航空器避让。受到非法干扰的航空器要求紧急着陆时，空中交通管制部门应当立即启动应急着陆方案全力保护航空器飞行安全，并采取适当的措施引导航空器安全着陆。着陆后，该航空器应当立即被指引到指定的隔离停放位置。

应当采取一切可行的措施，确保将航空器扣留在地面，除非遇到为保护机上人员生命安全而必须起飞的情况。航空器被扣留在地面期间应当保证其适航性不受影响。如果受到非法干扰的航空器经允许通过我国管制的空域时，空中交通管制部门应当全力保证该航空器在我国空域的飞行安全，同时还应当将全部信息传递给有关国家负责空中交通服务的部门，包括已知要降落的国家机场或假定目的国的机场，以便在沿途空域和目的地空域及时采取适当的保护行动。

（六）专业人员的支持

专业人员包括人质谈判人员、爆炸器械处理人员、翻译人员和武装干涉队伍。在应对非法干扰行为中注意发挥专家的作用。专家只提供专业意见，不得代替指挥。

（七）新闻与媒体

发生非法干扰行为期间，所有相关官员及工作人员均不得直接与媒体交流，一切信息全部交由指定的发言人处理。发生非法干扰行为期间，应当做到有控制的准确发布信息。

（八）报告

在我国发生的非法干扰民用航空安全行为的有关情况应当传递给以下国家：

（1）有关航空器注册国。

（2）公共航空运输企业所属国。

（3）在事件中死亡、受伤和被扣押的公民所属国。

（4）机上已知的每个公民的所属国。

向国际民航组织通报发生在我国的非法干扰民用航空安全行为时，应当提交以下两份报告：

（1）关于非法干扰行为的初步报告。此报告应当在事发30天内提交给国际民航组织。

（2）关于非法干扰行为的最终报告。此报告应当在事发60天内提交给国际民航组织。

资料链接

飞行安全得到了一些机构的支持，这些机构在飞机发生危险和安全事件时能提供支援。当飞机上发生涉及旅客不当行为事件、旅客或机组受到威胁、机上伤亡事件时，民航乘务员能寻求这些机构的干预和援助。具体哪些机构会参与进来，是由事件的实际发生情况和发生地点（即地面、登机过程中或飞行中）决定的。

下列机构可能参与处置安全威胁：

机场警察或其他专门的警察机构（如SWAT部队、特殊武器和战术队、情报机构），军队，人质解救专家机构，机场管理机构，机场航空安保单位，消防和救援服务，医疗和医院服务，危机管理机构。

这些机构有以下共同目标并采取下列战略：

（1）将旅客、机组、地面人员和公众的安全放在首位。

（2）在飞行中发生事件时，使飞机降落并停留在降落地。

（3）拘禁并起诉罪犯、保护财产安全。

上述机构会参与处理下列安全威胁：

（1）针对人员或飞机的暴力行为。

（2）非法使用武器或装置。

（3）炸弹威胁。

（4）劫机。

（5）对飞机、机场和导航设施造成毁坏和破坏的行为。

第四节 劫机处置

案例导入

"9·11"恐怖袭击事件

2001年9月11日上午,两架被恐怖分子劫持的民航客机分别撞向美国纽约世界贸易中心一号楼和二号楼,两座建筑在遭到攻击后相继倒塌,世界贸易中心其余5座建筑物也因受振而坍塌损毁。另一架被劫持的客机撞向位于美国华盛顿的美国国防部五角大楼,五角大楼局部结构损坏并坍塌。

事件发生后,全美各地的军队均进入最高戒备状态。虽然塔利班发表声明称恐怖事件与本·拉登无关,但美国政府仍然认定本·拉登是恐怖袭击事件头号嫌犯。作为对这次袭击的回应,美国发动了"反恐战争",入侵阿富汗以消灭藏匿基地组织恐怖分子的塔利班,并通过了美国爱国者法案。2001年10月7日,美国总统乔治·沃克·布什宣布开始对阿富汗发动军事进攻。

"9·11"事件是发生在美国本土的最为严重的恐怖攻击行动,遇难者总数高达2996人。对于此次事件的财产损失各方统计不一,联合国发表报告称此次恐怖袭击对美国造成的经济损失达2000亿美元,相当于当年美国国民生产总值的2%。此次事件对全球经济所造成的损害甚至达到1万亿美元左右。

此次事件对美国民众造成的心理影响极为深远,美国民众对经济及政治上的安全感均被严重削弱。图2-2为飞机撞击世界贸易中心的示意图。

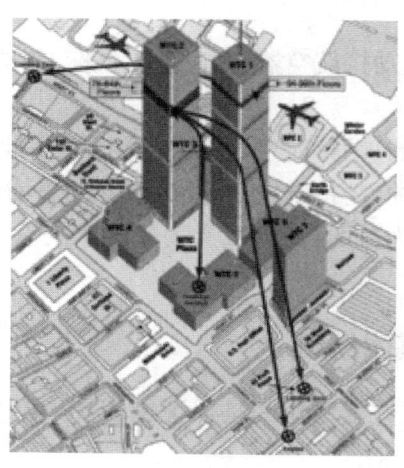

图2-2 飞机撞击世界贸易中心示意图

一、劫机概述

应对劫机没有所谓的"教科书"方法。每种情况都依劫机者的动机不同而不同。例如,一个在他国寻求避难所或收容所的人实施劫机,极有可能没有同伙,即便有也是一个很小的组织。尽管他可能携带武器或爆炸物,但被使用的概率很低,甚至很多情况下这些武器都是假的。很少有国家愿意接受劫持飞机并杀害无辜性命的难民。这类劫机事件持续时间不长,劫机者通常会在优厚的条件面前妥协。然而机组人员仍然需要采取有效的措施和预警方案,确保情况不会继续恶化。

精神不稳定的劫机者的动机很可能不明确。即便动机明确,因为其行动不受理性控制,也很难预测其下一步的行动。这类劫机事件通常以劫持失败告终,持续时间也不长。机组人员对此类劫持者要特别注意,需要以自然的人际交往技巧与他们沟通。

以获利为动机的劫机很少见。比起飞机,罪犯们更倾向于简单一些的目标。然而罪犯们也可能因为飞机上载有高价货物,如金钱、珠宝等而实施劫机,这种劫机被叫作"海盗行为"。

目前最常见的劫机犯罪嫌疑人都是恐怖分子,这些人一般经过专业训练,装备齐全,这意味着他们有实施劫机的技能和知识。他们可能充分研究过犯罪目标、飞行操作、飞机知识及机舱细节。这类劫机行为大都成功引发了不安和恐惧,几乎没有以和平方式收场的,其间必然有人死亡。在大多数情况下恐怖分子已经准备好为其信念而赴死,而不考虑事件结果。

恐怖劫机通常是国际事件,会引发媒体的极大关注,这也会对结局造成影响。这类恐怖劫机通常都以政府军队强行夺取控制权而宣告结束,军队会在飞机上采取军事行动击毙或逮捕劫机者。

二、劫机的分类

(1)以反社会为目的,劫持航空器,撞击重要目标,制造重大事件,造成机毁人亡的自杀性恐怖活动。
(2)以政治要求为目的,劫持航空器,要挟政府的恐怖活动。
(3)以经济要求为目的,劫持航空器,要挟政府的恐怖活动。
(4)以破坏国家安全为目的,劫持载有关系国家安全的重要人员的航空器的恐怖活动。

三、反劫机处置的基本原则

当飞机被劫持之后,首先要考虑的是保证旅客和航空器的安全。以下是一些基本原则。

(一)安全第一

处置决策以最大限度保证国家安全、人机安全为最高原则,必要时,可以付出小的代价从而避免重大损失的发生。

（二）统一指挥

事件处置由国家处置劫机事件领导小组决策，统一指挥。

（三）适时果断处置

抓住时机，果断处置，力争在最短时间内解决，将危害与损失降至最低。

（四）力争在地面处置

空中发生的重大劫机事件，应力争使航空器降落地面进行处置。

（五）力争在境内处置

境内发生的重大劫机事件，应尽量避免境外处置。

（六）机长有最后处置权

在情况紧急并直接危及人机安全时，机长对航空器的操纵和机上人员的行动有最终决定权。

四、劫机后机组处置措施

（一）飞行机组处置措施

（1）发现劫机后，机组将应答机频率调到7500Hz；劫机者如已进入驾驶舱，机组将应答机频率调到7700Hz，并向空中交通管制部门（ATC）和航空公司运行控制部门（SOC）报告。

（2）如处于武力威胁之下，在确保人机安全的前提下，机长有最终处置权，传递好与劫机者有关的信息，尽快使飞机着陆。

（二）乘务组处置措施

（1）沉着冷静地继续为旅客服务，稳定旅客情绪。

（2）如果有机组成员处于武力威胁之下，灵活处置，尽力保护机组和旅客人身安全。

（3）记下劫机者的要求。

（4）不要试图去解除劫机者的武装，不要使用火器，或采取任何会引起报复的行动。

（5）谨记劫机者可能只是飞机上几名劫机者中的一个。

（6）传递任何可能重要的信息。遇到空中劫机时，要尽量了解有关情况，并及时报告机长。内容如下：

① 劫机者的国籍、性别、特征和座位号；

② 劫机者使用的手段和凶器（枪、爆炸物或其他工具的形式、数量）；

③ 有关证件识别；

④ 劫机者的要求及目的；

⑤ 劫机者的人数。

（7）停止向旅客提供酒精类饮料。

（8）尽可能使旅客在客舱内可以看见机组成员。民航乘务员出现在客舱内不仅有助于营造平静的气氛，还有助于制止那些由于愤怒而采取过激行为的旅客。

（9）若劫机者使用汽油作为武器，民航乘务员要认真监督和执行在客舱禁止吸烟的规定。如果有可能，准备好用湿毛毯覆盖散落的汽油。

（10）按机长指令，配合航空安全员实施特殊情况处置预案。

（11）做好紧急情况迫降的准备。

（12）实施反劫机行动后，组织旅客脱离飞机。

五、对劫机犯的处理

根据《中华人民共和国民用航空法》第一百九十一条：以暴力、胁迫或者其他方法劫持航空器的，依照关于惩治劫持航空器犯罪分子的决定追究刑事责任。

六、机长的决定权

根据《东京公约》第 6 条：机长在有理由认为某人在航空器上已犯或行将违反刑法的罪行、危害或可能危害航空器或其所载人员或财产的安全或危害航空器上的良好秩序和纪律的行为，无论是否构成犯罪行为，可对此人采取合理的措施，包括必要的管束措施，以保证航空器、所载人员或财产的安全，维持机上的良好秩序和纪律，将此人移交主管当局或使他离开航空器。

机长可以要求或授权机组其他成员给予协助，并可以请求或授权但不能强求旅客给予协助，来管束机长有权管束的任何人。任何机组成员或旅客在他有理由认为必须采取此项行动以保证航空器或所载人员或财产的安全时，未经授权，同样可以采取合理的预防措施。

第五节 炸弹威胁处置

航空领域的炸弹威胁大多数只是虚假消息，过去恐怖组织经常制造此类威胁言论，但近年来恐怖分子的策略发生了改变，恐怖分子通常会在不警告航空公司的情况下破坏飞机。这类威胁更可能来自有情绪的雇员或旅客、旅客的朋友或亲属或精神失常的人。例如：晚到的旅客会希望飞机延迟起飞，也有人为阻止某人出行而声称飞机上有炸弹。

制造飞机炸弹威胁是一种犯罪行为，有关部门掌握犯罪细节后会根据调查结果进行处罚，处罚包括罚款和强制监禁。即便是虚假的炸弹威胁也会造成因额外的安全检查而使航班延误，或导致飞机备降等严重后果。

当收到有飞机炸弹威胁的消息时，相关部门便会对其真实性进行考察。此类威胁被分为：红色——需要及时进行应对，琥珀色——需要采取一些措施，绿色——情

况并不严重,不需要采取任何措施。评估威胁的过程是机密内容,因此本书不做详细介绍。经验证实,其评估结果是正确可靠的,因此机组人员应该相信所有的飞机炸弹威胁都被正确评估过。

若飞机上有炸弹,机长应先掌握情况,并及时做出决定应该采取何种应对措施。如果这是个琥珀色威胁,机长应该继续飞往既定地点,待旅客下机后对飞机进行搜查,或者转移至较近的地点降落。如果威胁被评估为红色的,机长应该尽快降落并疏散旅客或者执行快速疏散程序。这样处理的合理之处在于,旅客可以迅速下机,带走他们的行李物品,便于在机舱内部搜寻可疑装置。如果在地面收到威胁预警,机长要决定是否紧急疏散旅客,还是使乘客有序、快速下机,后者的好处在于旅客会带走行李,便于对飞机机舱进行搜索。搜索行动将根据收到的威胁及风险评估结果,决定其执行者是安全机构还是机组人员。如果在飞行过程中收到威胁预警,机长应该简要地提示高级别的机组人员执行应急简报程序。如果长时间无法降落,机长应该要求机组人员对机舱内部进行持续的细致搜查,找出一切会对飞机造成威胁的可疑物品。对机舱进行细致搜寻可能因旅客仍在飞机内而困难较大,但机组人员应该运用专业知识、提高警觉性,在维持旅客稳定的情况下,保证搜寻的进行。

有一种搜寻方法叫作"屏障搜索法"。即从飞机的一端开始搜索,指定一名机组人员站在过道中间作为屏障。其他机组人员请两排或者三排旅客离开座位,并带离自己的行李物品等候在屏障以外的过道中间。等这两排或者三排座位清空后,机组人员便对其进行仔细搜索,搜索范围包括座位的口袋、救生装置、坐垫、座套、机内娱乐装置及行李架。如果在空座位上发现任何物体,机组人员在判断其是否为可疑物品之前,应该询问周围旅客这是否为个人物品。空出的座位检查完毕后,作为屏障的机组人员则对旅客的随身物品、口袋进行检查,确保这些物品都是旅客的个人物品,并引导旅客回到座位上。作为屏障的机组人员此时便可以往之后的两排或三排移动,并执行之前的程序,直到整个机舱完成搜索。机舱搜索范围也包括厨房和厕所,要确保所有的区域都被搜索过。飞行机组人员还应搜索飞行舱。

搜索期间,机组人员仍要准备在最近的、合适的机场进行紧急备降并实施应急撤离程序。一旦飞机降落,机舱清空,飞机将作为犯罪现场,交由警方进行搜查。

项目实训

分组进行客舱炸弹"屏障搜索法"实训。

自我检测

(1) 请说明飞机上为什么要具备拘禁用具。
(2) 简述非法干扰行为的分类。
(3) 简述针对各类非法干扰行为的处置程序。

(4) 简述劫持飞机的犯罪动机。
(5) 简述应对劫机的机组处置措施。
(6) 简述反劫机处置的基本原则。
(7) 简述机上炸弹搜寻方法。

第三章　客舱安全运行规则

知识目标

（1）了解对进入驾驶舱人员的限制。
（2）了解飞行各阶段的安全规则。
（3）了解航空安全管理措施。

能力目标

（1）掌握客舱与驾驶舱的联络方式。
（2）掌握加入机组成员的规定。

航空事故发生的概率非常小，任何一个航班发生旅客死亡的概率大概是 8000000∶1。遵守日常的安全程序对于应对紧急情况至关重要，民航乘务员在飞行前与飞行过程中的工作和职责对于安全运行和应对紧急情况非常重要，民航乘务员可通过安全讲解、安全示范及飞行过程中的服务，来保证旅客旅行的安全和舒适。

第一节　驾驶舱安全运行规则

作为飞机操纵系统的核心部分，飞机驾驶舱（见图 3-1）的构造与组成部件非常复杂。在任何情况下，民航乘务员都不得触碰和使用驾驶舱的各种设备，以免错误的操作影响飞行安全。

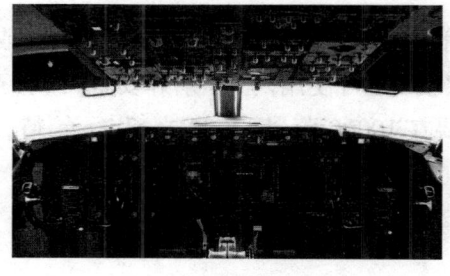

图 3-1　飞机驾驶舱

一、各种情况下客舱与驾驶舱的联络

在飞行期间,客舱乘务长(员)应使用机上内话系统与机组保持通信。当条件不允许时,机组可使用熄灭"系好安全带"灯再打开的方式替代(如飞行关键阶段、起飞或着陆的通知)。客舱与驾驶舱的内话系统出现故障,乘务长必须通知机长,并制定另一种通信联络的途径;如果是某一号位与驾驶舱内话系统故障,应使用就近有效的话机进行内话联系,或联系机组说明情况。其他情况则通过人工方式传递信息。乘务长负责将新的联络方式通知所有民航乘务员。通信语言使用汉语或英语。在紧急情况时,机组可使用旅客广播直接向乘务组发布指令,并使用以下信号联络方式。

（一）一遍呼叫铃声

飞行员/民航乘务员回答内部电话;如果民航乘务员没有收到内话机回答,民航乘务员应立即拿起最近处的话筒再次与驾驶舱联系或立即进入驾驶舱。

（二）多遍呼叫铃声或"pilot alert"

如果装有视频信息或收到预先制定的联络暗语,表明有紧急情况或被劫持,应有一名机组成员了解、确定紧急情况的性质并采取相应程序。可通过内话系统或驾驶舱门上的观察窗镜进行观察,锁闭驾驶舱门。还可视情况进入客舱协助乘务组(如客舱内话机上装有紧急按钮,可在此情况下使用)。

（三）暗号、暗语

为了保密起见,机组和乘务组在飞行前还可以商定临时性的暗号、暗语。

（四）滑行的通知

如果遇到滑行延误,机长估计有充足的可用时间,可告诉乘务组延误情况,使他们能在客舱里巡视并提供服务。一旦恢复滑行,应立即进行广播,使民航乘务员就座;如果从停机位到进入跑道的滑行时间预计少于5分钟,应通知乘务长。

（五）起飞通知

机长应当在即将起飞前通知客舱(可使用两遍"系好安全带"铃声信号的方式)。注意:如果起飞前民航乘务员无法完成对乘客的安全介绍,则应当通知驾驶舱延迟起飞,直至完成安全介绍。

（六）进入或离开飞行关键阶段

机长应通知客舱乘务组,飞机进入或离开飞行关键阶段的时机,在进入或离开飞行关键阶段时:

（1）机长应通知客舱乘务长:"进入飞行关键阶段",或"现已离开飞行关键阶段"。客舱乘务长回答:"明白(可使用两遍"系好安全带"铃声信号的方式)。"

（2）如果机长预计要在10000英尺(3000米)以下等待,应通知客舱乘务组,便于他们能继续进行空中服务。

（3）如果乘务组无法完成下降准备,应当通知驾驶舱。

（七）着陆检查后

完成着陆检查后,驾驶舱应以两遍"系好安全带"铃声信号的形式通知客舱。

（八）变更时间计划后

当通告乘务长的预计到达时刻提前10分钟以上、改航、备降等非计划情况发生及紧急情况下，应尽快通知乘务长。

（九）飞机放下起落架前

为使客舱乘务组有足够的时间做好着陆准备，驾驶舱应以两遍"系好安全带"铃声信号的形式通知客舱机组。

（十）关车后

"系好安全带"信号灯关断，表示发动机已经关停，乘务组可以解除滑梯预位、打开舱门。

不同阶段驾驶舱与客舱的标准通信用语如表3-1所示。

表3-1　不同阶段驾驶舱与客舱的标准通信用语

阶　段	驾　驶　舱	客　舱
发动机启动前	"可以关闭舱门"	"报告机长客舱准备完毕"
		"明白"
进入/离开关键阶段	"进入或离开关键阶段"	"明白"
下降开始	"飞机已开始下降"	"明白"
特殊情况(如应急撤离)	"应急撤离"(机长宣布)	

二、进入驾驶舱人员的限制

（一）可进入驾驶舱的机组人员

下列人员可以进入飞机驾驶舱，但并不限制机长为了安全而要求其离开驾驶舱的应急决定权：

（1）机组成员。

（2）正在执行任务的民航局监察员或者民航局委任代表。

（3）得到机长允许并且其进入驾驶舱对于安全运行是必需或者有益的人员。

（4）经机长同意，并经航空公司特别批准的其他人员。

（二）被准许进入驾驶舱的非机组人员

被准许进入驾驶舱的非机组人员，应当在客舱内有供该人员使用的座位，但下列人员在驾驶舱有供其使用的座位时除外：

（1）正在对飞行操作进行检查或者观察的民航局监察员或者经授权的民航局委任代表。

（2）民航局批准进行空中交通管制程序观察的空中交通管制员。

（3）航空公司雇用的持有执照的航空人员。

（4）其他航空公司雇用的持有执照的航空人员，该员得到运行该飞机的航空公司的批准。

（5）运行该飞机的航空公司的雇员，其职责与飞行运作的实施或者计划、或者空中监视飞机设备或者操作程序直接有关，此人进入驾驶舱对于完成其任务是必需的，并且已得到在运行手册中列出的有批准权的主管人员的书面批准。

（6）该飞机或者其部件的制造厂家技术代表，其职责与空中监视飞机设备或者操作程序直接有关，进入驾驶舱对于完成其职责是必需的，并已得到该航空公司在运行手册中列出的有批准权的运行部门负责人的书面批准。

第二节　客舱安全程序

一、加入机组成员的管理

（一）空勤人员

执行任务的空勤人员加入机组，应持有《空勤登机证》《飞行任务书》。

（二）飞行翻译和航医

执行本公司飞行任务的飞行翻译和跟班检测的航医加入机组，应持有《飞行任务书》《公务乘机证明》《中国民航公务乘机通行证》。

（三）飞机维修人员

为飞机排故、放行及执行紧急航材调拨，而派往异地的维修人员加入机组，应持有《工作证》《飞行任务书》《公务乘机证明》《中国民航公务乘机通行证》。

（四）公司保卫人员和安全督察员

公司安全运行监察部为检查（调查）有关安全运行工作的保卫人员和安全督察员加入机组，应持有《工作证》《公务乘机证明》《中国民航公务乘机通行证》。

（五）参加航线实习的人员

空中交通管制员、飞行签派员、航行情报员、航空天气预报员加入机组，应持有《工作证》《航线实习任务书》《公务乘机证明》《中国民航公务乘机通行证》。

（六）其他人员

其他人员加入机组，应持有民航局有关部门或本公司领导的特批文件，以及《工作证》《公务乘机证明》《中国民航公务乘机通行证》。

二、客舱安全管理

（一）旅客登机前的客舱安全准备

（1）按规定数量配备的民航乘务员已到位。

（2）分配客舱安全检查和服务准备工作。

（3）供旅客存放物品的行李架已全部打开，机组的行李和飞行箱已放在指定的行李架或储物间里。

（4）旅客登机前完成客舱清舱工作，确保无外来人员和外来物品。

(5) 准备工作完毕并报告机长。

(二) 旅客登机时的注意事项

(1) 注意旅客登机情况,如手提行李及行李的摆放、重量限制。
(2) 如果手提行李超出规定,应通知机长和地面值机人员进行处理。
(3) 关闭并锁好行李架。
(4) 应急出口座位的控制:评估旅客是否适合坐在此座位;向旅客讲解应急出口座位并要求旅客仔细阅读应急出口《安全须知卡》。

三、飞机推出前的安全检查

飞机推出前,民航乘务员应完成下列安全检查工作。
(1) 安全广播和安全演示。
(2) 确认每个旅客已系好安全带。
(3) 确认所有的移动电话处于飞行模式或已关闭,便携式电脑等电子设备已关闭并妥善存放。
(4) 旅客禁止吸烟。
(5) 调直座椅靠背,脚踏板收起,空座椅上的安全带已扣好。
(6) 扣好小桌板,打开遮光板。
(7) 所有的帘子拉开系紧,行李架扣好。
(8) 确保应急出口、走廊过道及机门附近无任何手提行李。
(9) 应急出口座位旅客符合乘坐规定。
(10) 洗手间无人占用并锁好。
(11) 固定好厨房餐具、餐车及供应品。
(12) 调暗客舱灯光。
(13) 电视屏幕已收起。
(14) 向驾驶舱报告"客舱准备完毕"。

四、飞机滑出时的安全检查

飞机滑出时,民航乘务员应注意以下事项:
(1) 注意观察驾驶舱和客舱情况。
(2) 除了为保障飞机和机上人员安全的工作外,民航乘务员应当在规定的座位上坐好并系好安全带和肩带。
(3) 回顾应急准备措施:
① 应急设备的位置和使用。
② 应急出口位置和使用。
③ 应急程序。
④ 可以协助民航乘务员实施应急程序的旅客。

⑤ 紧急情况下,所负责区域需要帮助才能撤离的旅客。

五、飞机起飞前的安全检查

在飞机起飞前,民航乘务员应该进行"再次确认系好安全带及关闭电子设备"的广播,同时注意观察驾驶舱和客舱情况。

六、飞行中的安全检查

民航乘务员在飞行中应注意以下事项。

(1) 在每次起飞后,"系好安全带"的信号灯即将关闭或刚刚关闭,广播通知旅客:即使"系好安全带"的信号灯熄灭了,在座位上仍然要继续系好安全带。

(2) 低于10000英尺(约3000米)时遵守"飞行关键阶段"原则。

(3) 保证驾驶舱门附近区域安全。

七、飞机着陆前的安全检查

飞机着陆前,民航乘务员应完成以下检查。

(1) 注意驾驶舱的情况。
(2) 确认每个旅客系好安全带。
(3) 确认所有的移动电话处于飞行模式或已关闭,便携式电脑等电子设备已关闭并妥善存放。
(4) 旅客禁止吸烟。
(5) 调直座椅靠背,脚踏板收起,空座椅上的安全带已扣好。
(6) 扣好小桌板,打开遮光板。
(7) 所有的帘子拉开系紧,行李架扣好。
(8) 确保应急出口、走廊过道及机门附近无任何手提行李。
(9) 洗手间无人占用并锁好。
(10) 固定好厨房餐具、餐车及供应品。

第三节 客舱安全管理措施和规则

航空业是一个跨越国界的行业,许多国际协议和规则都与航空安全相关。1963年12月开始实施《东京公约》(以下简称"公约"),公约赋予机长、机组人员及乘客保护航空安全和维持良好秩序和法律的权利。公约规定机长有足够的根据认为某人在航空器内进行或准备进行犯罪行为或上述其他行为时,可以对其采取必要的合理措施。公约首次针对劫持事件制定了相关条款,并对被劫持飞机的恢复管理做出规定,但并没有以空中劫持作为主要对象,因而未能解决因空中劫持而产生的许多问题。

每个国家的政府机构或民航局都有航空安全计划,目标在于通过制定和实施法律、法规、规章、标准、措施与程序,防止非法干扰行为,维护民用航空安全、正常和效率。民航局通过在机场和客舱内的安全检查来执行这些规则。机组人员在履行职责时应接受民航局检察员检查,在接受检查前应先核实检察员的身份(身份证、资格证、职权证等)。检察员通过询问机组人员问题来核实其对安全程序和设备的理解。因此机组人员应确保熟悉安全程序的要求和职责,并履行好职责。如果检察员对机组人员的回答不满意,或认为安全程序没有被正确执行,他们会向航空公司发出公告。

一、航空安全管理措施

"9·11"事件之后,在全世界航空业共同努力下,航空安全管理措施取得了以下进步。

(一)建立待观察清单

部分政府机构登记了居民和一些可能从事恐怖活动的外来人员的名单。待观察清单关系国际安全,任何与这些人有关的情报信息都会备注在待观察名单上。

(二)建立乘客预检信息系统(APIS)

乘客们提供自己身份的详细信息,如护照签发信息、在预订航班时需要提供的信用卡信息等。航空公司搜集这些信息并在航班起飞前提交给安全、边防或移民部门。这些部门会通过待观察清单核实所有乘客的身份,以确保让任何可能危及飞行安全的乘客被禁止乘机或者接受进一步的核查。在安检和整个旅途中,有时候这一措施会给无关乘客带来不便。

(三)进行基于风险的安全评估

基于风险的安全评估要求安保人员在核查航班前,为每名乘客建立简要的信息。同时要求安检人员询问乘客一些基本问题,如旅行的目的、停留的时间、带了多少钱、上一次旅行的时间等,以便了解其真实旅行目的。此外,乘客的简要信息还包括机票预订信息等。

(四)生物特征护照

新一代的护照包括各类附加的安全特性,如包括持有者具体信息的电子芯片。这些技术的应用加大了伪造护照的难度。同时,安检设备能够自动读取护照,让旅客的旅途更加便捷。采用虹膜认知程序可让旅客提前值机,通过扫描旅客眼部虹膜进行安检。

(五)爆炸品的探测

许多国家引进了通过检查旅客客舱行李来追踪爆炸物的程序。安检员用纺织物(棉签)擦拭旅客手提行李的内、外部,然后将其置入机器中进行化学分析,识别出爆照物后,机器会自动拦截乘客的行李,这项技术也被一些国家用来检测要托运的行李。

(六)驾驶舱安全

所有飞机均安装电子操控驾驶舱门,在驾驶舱门附近安装闭路电视显示器,可监控舱门周边情况。

（七）防爆行李箱

1998年12月21日，泛美航空公司从伦敦希思罗机场飞往纽约的103号航班，在起飞不久后便被炸毁，炸弹位于货舱行李中。爆炸时飞机解体并跌落至地面，造成机上所有人员遇难，地面11人死亡。随着爆炸物检测技术的进步，为了防止此类事故发生，防爆行李箱被研发出来，以遏制爆炸并保护飞机不被摧毁。

（八）高级成像技术

高级成像技术使用"反向散射"X光技术，光线不用透过整个人体，而是通过反射呈现一个着衣完整的乘客图像。该技术的应用使检测隐藏在衣服下的物品更加容易，不论隐藏的物品是什么成份，都能被显示出来。这项技术仍旧存在争议，许多人认为安全机构通过电脑呈现其裸体图像是一种骚扰行为。因此，在机场使用这一技术时需遵循严格的程序。

二、机组安全管理规则

机组应全程执行航空公司安全程序，包括什么时候进入和离开驾驶舱，执行客舱、厨房和洗手间的日常监控等。民航乘务员应随时保持高度警觉，而不是仅在有突发情况时才警觉，要定期进行客舱巡舱和检查，观察乘客是否有可疑行迹，并上报所有可疑或不正常的情况。在机场发现可疑物品和人员要向候机楼的公安和安检人员汇报，或依照航空公司的报告程序进行呈报。

项目实训

（1）分组练习各种情况下客舱与驾驶舱的联络。
（2）分组练习客舱安全管理。

自我检测

（1）简述各种情况下客舱与驾驶舱的联络方式。
（2）简述进入驾驶舱人员的限制规定。
（3）简述加入机组成员的管理规定。
（4）简述民航乘务员在飞行阶段应履行的安全规则。

第四章　应 急 设 备

知识目标

（1）了解应急设备的种类。
（2）熟悉应急设备的标志、位置。
（3）掌握应急设备的使用方法和注意事项。
（4）达到熟练使用应急设备的目的。

能力目标

（1）能熟知应急设备的基本知识。
（2）能根据机上不同的应急情况做出正确的判断。
（3）能在不同紧急情况下选用正确的应急设备并采取相应的措施。
（4）提高应变及处理问题的能力。

案例导入

旅客误操作，飞机应急滑梯突然弹出

　　旅客都知道飞机上有很多按键，哪些按键是旅客千万不能动的？航空公司表示，机上安全设备只有在紧急情况下才能使用，一旦触碰，后果不堪设想。

　　2014年8日晚，从西安飞往三亚的东航MU2331航班，在落地三亚凤凰国际机场后，由于一名旅客的误操作，造成飞机后应急门的应急滑梯突然弹出。

　　据该航班乘务组陈述，飞机停稳后，民航乘务员正依照标准工作流程执行准备工作，听到3R门（飞机右3应急门）有滑梯充气的声音，发现坐在应急门边的旅客抬起了应急门手柄，民航乘务员见状立即上前阻止并按下手柄，但为时已晚，滑梯已充气释放。

　　众所周知，飞机起飞之前，民航乘务员都会讲解，应急门非特殊情况不能打开，旅客应认真倾听，避免造成类似的情况。当晚，在凤凰机场公安分局候机楼派出所，该旅客表示，由于未仔细听民航乘务员关于应急逃生门注意事项讲解，不知道那是应急门不能打开,飞机落地就想开门下飞机,无意中释放了应急滑梯。经过民警批评教育,旅客离开了派出所。同时,东航和旅客互留信息,以便后续进一步沟通。据专业人士保守估计,释放一次滑梯造成的经济损失就达 10 万元。

曾有报道,一位中年妇女在乘坐南航飞机时不顾民航乘务员的再三强调,将救生衣从座位底下取出来,并拉动紧急充气环,致使救生衣充气。救生衣属于一次性使用的设备,所以该救生衣已经失效。由于其违反了民航安全法规,在责令她赔偿了部分经济损失后教育放行。

经常乘坐飞机的旅客都知道,飞机上有很多按键,但有一些按键旅客是千万不能动的。例如,飞机上红色的按键是绝对不可随意触动的。随意乱动安全设备,造成严重后果的将承担法律责任。

第一节 应急设备的种类

应急设备是指飞机在紧急情况下,为了避灾、逃生和救护,供民航乘务员和旅客使用的设备的总称。由于民航客机的事故一般发生在飞机的起飞和着陆阶段,所以现代民航客机上的应急设备一般多用于紧急迫降的情况,主要包括应急供氧设备、撤离提示系统、应急出口、应急滑梯、灭火设备、救生船、救生衣、救生包等。除此之外,还配有应急无线电信标机、昼夜信号弹、药品包、应急照明、食物和饮料等,可用来发送信号及满足旅客求生、救治伤员的需要,是降低事故给旅客造成伤害的重要设备。客舱应急设备图标如表 4-1 所示。

表 4-1 客舱应急设备图标

符号	客舱应急设备
AMBU	医疗急救箱
BB	婴儿安全带
⬭	婴儿漂浮筏
⬬	婴儿救生筏

续表

符号	客舱应急设备
▲	检查单夹
CS	儿童座椅
⚒	应急斧
⌴	机组救生衣
⚲	铁撬
⊗	危险物品包
Ⓓ	电震发生器
▨	演示用安全带(F/C-B/C)
▮▯	救生衣(演示)
▮▯	氧气面罩(演示)
	演示组件： 救生衣(演示) 氧气面罩(演示) 安全带(演示)
	演示组件： 救生衣(演示) 氧气面罩(演示)

续表

符号	客舱应急设备
	演示组件： 救生衣（演示） 氧气面罩（演示） 安全带（演示） 机上安全须知卡（演示）
	应急件
	应急定位发射器
	应急无线电信标机
	逃生绳
	应急滑梯（左-右翼上出口）
	加长安全带
	灭火器支架（BCF）
	灭火器（HALON）
	灭火器（粉末）
	灭火器（水）
	灭火器
	消防包

续表

符号	客舱应急设备
	防火手套
	急救箱
	手电筒
	隔离胶带
	救生绳
	救生衣/夹克
	客舱机组救生衣/夹克(每个民航乘务员垄椅下方都有一个) 飞行机组救生衣/夹克(放在驾驶舱中)
	婴儿救生衣/夹克
	旅客救生衣/夹克 (每个座椅下方有一件或者放在扶手下面的盒子中)
	人工开氧工具
	医药包
	扬声器
	氧气套件(氧气瓶、氧气面罩)

续表

符号	客舱应急设备
◆	氧气瓶切断
⊶⧖	氧气瓶切断/氧气面罩
🫥	防烟氧气面罩
◆	氧气面罩(机组)
◐	氧气面罩(备份)
Ⓟ︎Ⓜ︎	病人监控
Ⓟ	医用箱
PBE	便携式呼吸保护设备
☐R	呼吸器
Ⓡ	复苏器
ⓇⓀ	限制箱
☐S	信号箱
▲	舱门滑梯
△	舱门滑梯救生筏

续表

符号	客舱应急设备
	防烟镜
	防烟头罩/呼吸面罩
	备份救生衣/夹克
PAX	备份旅客安全带
SP	夹板组件
SPA	武装/撤离计划的支援
S	救生组件
S	救生组件（用于救生船）

一、应急供氧设备

人体进行生理活动所需的能量，是不断从外界摄入氧气，排出多余二氧化碳的氧化代谢过程所完成的。众所周知，随着高度的增加，空气逐渐稀薄，空气中含氧量也随之减少，人就会感到缺氧。人类大脑及感觉器官的功能对缺氧最敏感，缺氧对视觉、运动协调功能及记忆、理解、判断、思维方面的智力功能都有所影响，甚至会导致不同程度的意识障碍。

现代民航飞机的巡航高度可达 10000 米左右，因此，对于高空飞行存在的缺氧问题，现代客机都采用了密闭客舱，机内有一个适宜的小气候，正常情况下机组成员与旅客不需要供氧。如果客舱突然释压或遇到其他缺氧情况，机上的应急供氧设备可防止高度低气压引起的人体高空缺氧，确保机上全体人员的生命安全。

现代客机在客舱内每个旅客座椅上方都有一个氧气面罩储存箱,当飞机座舱增压失效,发生释压的情况下,即舱内气压降低到海拔高度4000米气压值时,氧气面罩便会从舱顶自动脱落,为旅客供氧,旅客随时可以拿到氧气面罩补充氧气,只要拉下戴好即可。

同时,飞机上还有配套的手提氧气设备,以及保护呼吸设备,能在应急处置的关键阶段发挥重要作用。根据使用情况的不同,应急供氧设备分为驾驶舱供氧设备、客舱供氧设备及手提式氧气瓶三大类别,分别应用于机组成员、旅客及应急救治等情况。驾驶舱供氧设备在释压或有烟雾和有毒气体时,向驾驶舱成员提供充足的呼吸氧气。客舱供氧设备用于释压时向客舱旅客和客舱机组成员提供氧气。手提式氧气瓶位于驾驶舱和客舱中,用于机上出现紧急情况时机组成员和旅客的急救。

二、撤离提示系统

飞机上装有紧急撤离提示系统,即将进行紧急撤离时,该系统提供目视和紧急警报,其主要位于驾驶舱中或乘务长位置的民航乘务员面板上,驾驶舱顶板上的撤离提示系统如图4-1所示。

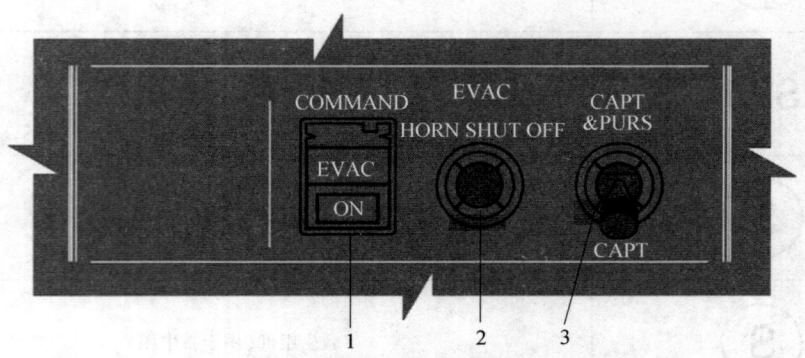

图4-1 驾驶舱顶板上的撤离提示系统

撤离指令说明如下:

(1)图中1键:COMMAND EVAC ON被按下时,驾驶舱和客舱撤离指示灯EVAC亮,客舱中伴有蜂鸣声。

(2)图中2键:HORN SHUT OFF被按下时,扬声器关断,驾驶舱蜂鸣器停止鸣响。

(3)图中3键:CAPT/CAPT&PURS被按下时,机长/机长和乘务长两个不同位置的开关可供选择,CAPT&PURS被按下时撤离EVAC指令可由驾驶舱或民航乘务员面板启动,CAPT被按下时撤离EVAC指令只能由驾驶舱启动。

三、应急出口

在民航客机上,除了登机门、厨房服务门等正常开启的门,还有平时不开,专为应急情况发生后才开启的应急出口。应急出口可以确保飞机在紧急迫降时旅客和机组人员能够迅速、安全地撤离飞机。应急出口一般位于飞机机身的前、中、后段,有醒目的标志,而且每个应急出口处都有应急滑梯和应急绳。当发生意外事故迫降着陆后,只要将应急门上的拉手拉到应急打开的位置,应急门就会自动打开,敞开应急出口。

应急救生设施的位置和客舱的总体布局有关,主要分为:舱门,即地板高度出口,装有滑梯或救生船;应急窗,即非地板高度出口(部分应急窗附带滑梯装置),要求不论起落架是放下位置或收起位置,或是只有一侧的起落架在收起位置,都能够在不超过90秒钟时间内,将全部的旅客和机上人员应急疏散到地面;当客机在水面迫降时,可使旅客与机组人员应急登上充气的救生船或漂浮设备。

应急出口一般为矩形出口,不同型号的客机上的应急出口规格有所不同,主要分为Ⅰ型~Ⅳ型和A~C型7种规格。Ⅰ型应急出口为宽不小于610毫米、高不小于1220毫米的矩形开口,其圆角半径不大于1/3出口宽度,并与地板平齐。Ⅱ型应急出口为宽不小于510毫米、高不小于1120毫米的矩形开口,其圆角半径同Ⅰ型,并与地板平齐。若是位于机翼上方,则其机内的跨上距离不大于250毫米,机外跨下距离不大于430毫米。Ⅲ型应急出口为宽不小于510毫米、高不小于910毫米的矩形开口,其圆角半径同Ⅰ型,其机内跨上距离不大于510毫米。若出口位于机翼上方,其机外跨下距离不大于690毫米。Ⅳ型应急出口为宽不小于480毫米、高不小于660毫米的矩形开口,其圆角半径同Ⅰ型,若位于机翼上方,其机内跨上距离不大于740毫米,机外跨下距离不大于910毫米。

每架飞机根据乘坐旅客的总人数,安排有一定数量的应急出口,以A320机型为例,其配有4个Ⅰ型的旅客/机组舱门(每侧两个),4个Ⅲ型的应急出口(每侧两个),两个驾驶舱窗户出口(每侧一个),4个电子设备舱维护口盖。应急出口尺寸、距离地面高度如表4-2所示。

表4-2 应急出口尺寸、距离地面高度

名称	尺寸(高度×高度) 单位:米 方位:左侧	尺寸(高度×高度) 单位:米 方位:右侧	距离地面高度/米
舱门1(Ⅰ型)	1.85×0.81	1.85×0.81	3400
舱门2(Ⅰ型)	1.85×0.81	1.85×0.81	3400
应急出口(Ⅲ型)	1.02×0.51	1.02×0.51	3790

应急出口指示图如图4-2所示。

四、应急滑梯

由于现代大型客机的机舱门离地约有三四米,为保障在飞机迫降时旅客能于90秒钟内迅速撤离,每个机舱门和应急出口处都备有应急滑梯,滑梯通道与机舱门、应急出口大小和数量相对应,分为单通道滑梯和双通道滑梯。目前,大部分应急滑梯由

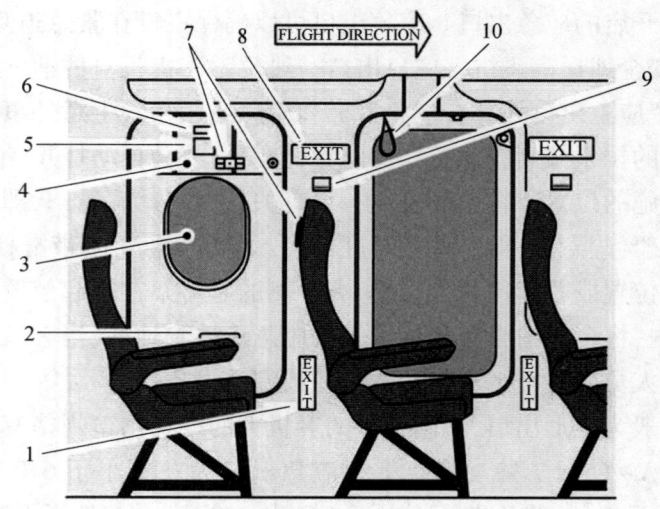

1—出口标志,紧急情况下应急出口舱门两侧的 EXIT 出口标志亮;
2—手柄凹口,在移动盖板时使用;3—观察窗,应急出口舱门装有一个可遮蔽的观察窗;
4—手柄盖,手柄盖覆盖在舱门手柄 5 上;
5—透明手柄盖下选装的舱门手柄,可从内侧打开和关闭舱门的亮着的舱门手柄,覆盖透明的手柄盖;
6—盖板凹口,用于移走舱门;7—打开说明,可在舱门上和应急出口旁的椅背上找到打开说明;
8—出口标志,应急情况下出口标志亮;9—滑梯待命指示,位于舱门旁,用于指示滑梯状况;
10—滑梯人工充气手柄,移走舱门可看见滑梯人工充气手柄

图 4-2　应急出口指示图

尼龙胶布胶接而成,为自动充气式软体滑梯,有一定的弹性和硬度。滑梯平时折叠好后,放在门上专用箱内,上面写有"救生滑梯"字样。当飞机迫降时,滑梯从舱门或客舱应急出口被抛放下来后,便会自动充气鼓胀,变得十分有弹性,形成有一定角度的倾斜式滑道,旅客顺着这个滑道可以从飞机上滑下,迅速、安全地下降到陆地上。舱门和应急出口的滑梯位置如图 4-3 所示。

五、灭火设备

飞机上有易燃物、高温区与起火点,因此存在着火的危险,飞机着火的烟雾可使机上人员窒息而死,如果烧坏发动机、引爆油箱,会直接导致机毁人亡。因此,飞机着火是飞行安全的最大威胁之一。所以,现代民航客机上都有各种灭火设备,以防止意外的发生,同时也可及早发现并消灭火灾的隐患。

飞机上的灭火设备有固定式和手提式两种。固定式灭火设备通常装于驾驶舱、货舱和靠近发动机舱等部位,其型式、容量和重量都有专门规定。手提式灭火设备是飞机驾驶舱和客舱的主要灭火装置,一般最常见的是水灭火器和海伦灭火器。客舱内主要是水灭火器,在有足够新鲜空气可避免对旅客产生刺激作用的个别区域,也可用海伦灭火器。

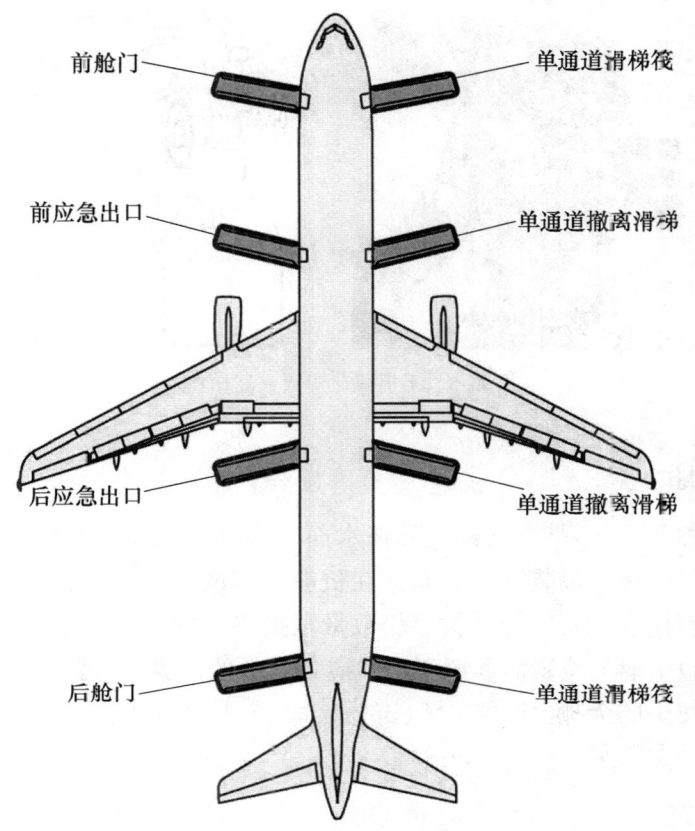

图 4-3 舱门和应急出口滑梯位置

手提式水灭火器主要由手柄、喷射开关、喷口和瓶体四部分组成,具体结构如图 4-4 所示。

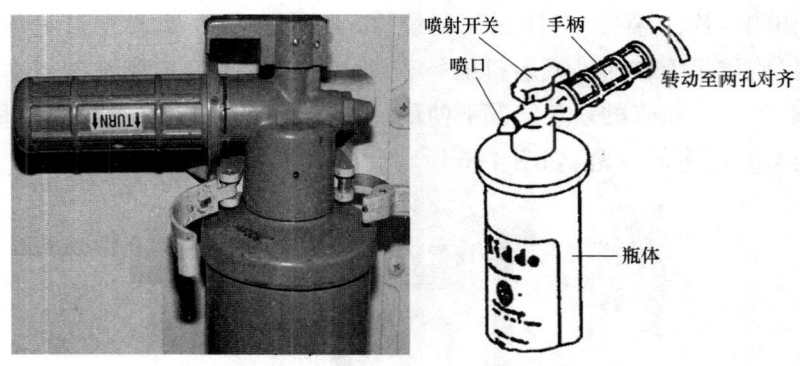

图 4-4 手提式水灭火器结构

手提式化学灭火器由拉环式安全销、喷口、释放手柄、压力指示器、手柄和瓶体组成,具体结构如图 4-5 所示。

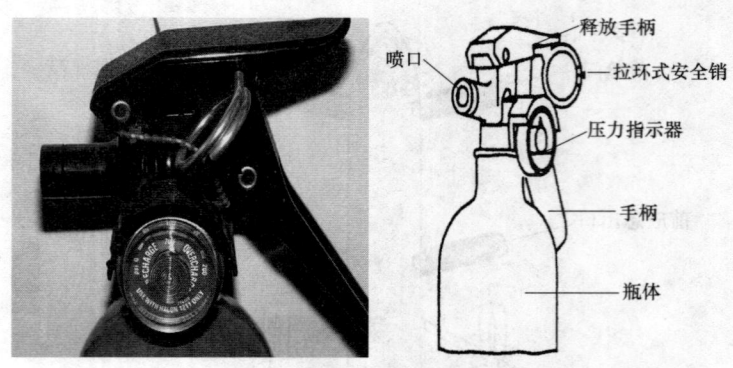

图 4-5　手提式化学灭火器结构

六、救生船

救生船也称救生艇，是当飞机迫降在水面时应急脱离飞机所使用的充气艇。平时，救生船不充气，折叠包装好以后储存在机舱顶部的天花板内，需要时可立即取出并充气使用。现代客机所携带的救生船数量根据飞机的载客数而定，标牌上标示存放有救生船。救生船的位置需参照便携式应急设备的位置，一艘救生船可容纳25人并配有供海上使用的天棚、天棚支杆（3根）、海锚、扶手、救生筏专用刀、救生索、遮棚、系留绳、手动充气泵等。

七、救生衣

救生衣是飞机在水面迫降后，供单人使用的水上救生器材，可以确保紧急情况下旅客在水中的安全。在每位旅客的座位底下都储存着用于水上迫降的救生衣，机组成员救生衣是红色或橘黄色的，旅客救生衣是黄色的。救生衣上有下列主要组件：救生圈、带锁扣和拉片的腰带、气体充气系统、口部充气系统、水激发灯光组件、口哨。除此之外，民航飞机上在前排或后排的行李架上还储存着集成包装的儿童救生衣和婴儿救生衣，供水上迫降的紧急情况下使用。在救生衣上同时标有使用说明，而且民航乘务员也会给旅客做示范，如图4-6所示。

图 4-6　旅客救生衣

八、救生包

每个滑梯救生筏上有一个救生包。救生包存放在前后旅客舱门(各2个)旁的头顶行李架中。将救生包从存放处取出,通过拉钩带将一个救生包连在每个滑梯救生筏上,如图4-7所示。

图4-7 救生包位置

在救生包中,一般有以下物品:救生船说明书、生存手册、吸水海绵、舀水桶、哨子、修补钳、指南针、桨、手套、火柴、海水染色剂、信号镜、昼夜信号弹、安全灯棒、饮用水、压缩食品、药品包(含净水药片、晕船药片、烧伤膏、消毒棉擦、创可贴、绷带、胶布等)、驱除鲨鱼药剂、蔗糖、刀、渔具等。

第二节 应急设备的使用及注意事项

一、应急供氧设备的使用

(一)氧气面罩的使用

客舱突然减压,人的有效意识只有45秒,所以必须及时吸到氧气,氧气面罩是公认较好的客机应急供氧装置。当位于电子舱的高度压力开关闭合时,客舱氧气系统自动工作。当客舱压力减小到相当于 14000^{+250}_{-750} 英尺(约 4260^{+76}_{-228} 米)的压力时开关闭合。要人工操作系统,飞行机组成员可按下顶板上的"面罩人工释放"按钮。

系统启动时,旅客氧气存放箱盖打开,面罩坠下供旅客和民航乘务员使用。面罩储存装置一般装有两个或三个面罩,并安放在旅客头部上方,它通过一根细长的橡胶供氧管和卡口接头连到自动连接器上。氧气连续流到面罩的储气袋里。储气袋储气后胀大时,可容纳一定量的氧气。使用者将氧气面罩拉下罩在脸部时,化学氧气发生器开始工作,氧气流动。面罩储气袋容量为1.5升,在正常情况下释放纯氧约15分钟,直至发生器内氧气耗尽,旅客深吸气把储气袋吸空时,则面罩上的进气活门可以使氧气进入。氧气面罩结构如图4-8所示。

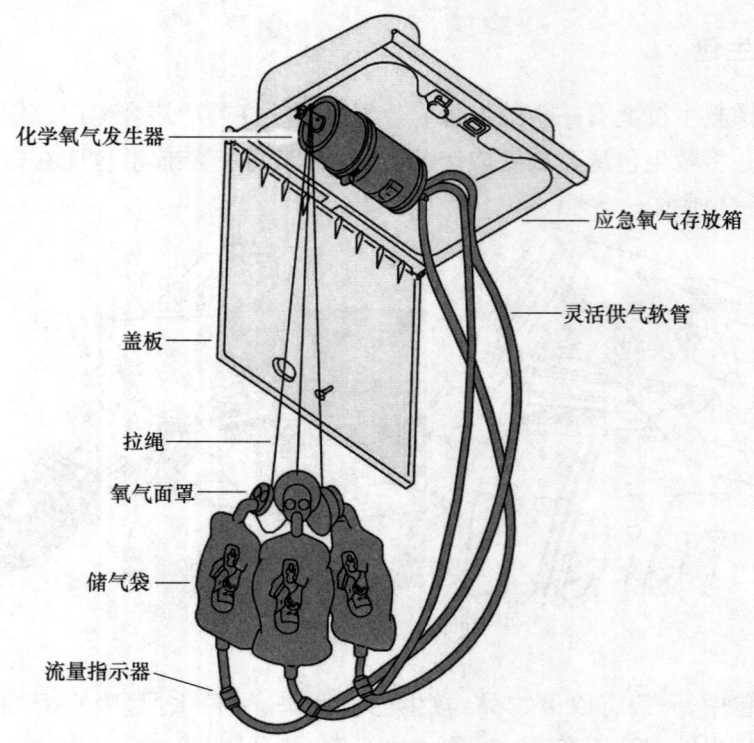

图 4-8　氧气面罩结构

在紧急情况下，迅速戴好氧气面罩，可以赢得时间，如旅客氧气存放箱盖未打开，客舱机组人员可使用人工释放工具将其打开，人工释放工具须插入存放箱盖上的小孔向里推，以解开电动锁扣，推开后，氧气面罩自动下放到旅客面前，在约10000英尺（约3000米）和19000英尺（约5800米）的低高度之间，氧气面罩储气袋充气不明显。氧气面罩佩戴方法如图4-9所示。

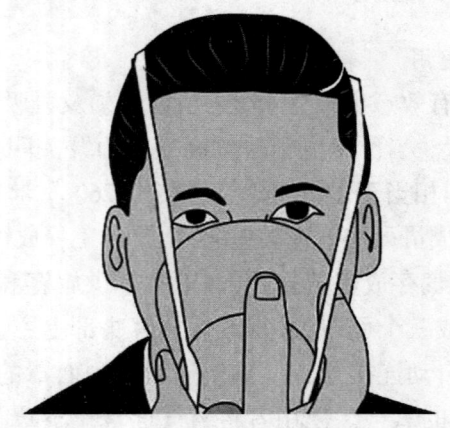

图 4-9　氧气面罩佩戴方法

（二）手提式氧气瓶的使用

手提式氧气瓶是民航飞机上使用频率最高的应急和急救设备，主要用于民航乘务员在应急情况下以及机上急救时供氧。手提氧气瓶用于飞行时在飞机座舱内移动医疗救助。每个氧气瓶都是一个独立的氧气系统，一般储存在客舱最前排或最后排的储存应急设备的行李架上，也有部分飞机放在头等舱或后舱的最后一排座椅储存柜里，在储存区域外面都有明显标志。

手提式氧气瓶主要由开关阀、压力表、氧气面罩等部分组成。机型不同，手提式氧气瓶具体结构稍有不同。手提式氧气瓶大多是高压氧气瓶，在70°F时其充气压力达到1800PSIG（磅/平方英寸）。氧气瓶上有压力表，显示氧气瓶的压力及瓶内的氧气量，氧气瓶头部连接组件内有压力调节器，可调节供往氧气面罩的压力和流量。关断阀门顺时针方向转动是关断，逆时针方向转动是打开。只有插入氧气面罩接头才会有氧气进入氧气面罩。

飞行前，对手提式氧气瓶检查时，需确认氧气瓶在指定位置并固定好，压力指针在红色区域1800磅/平方英寸处，关断阀门在"关"位；氧气面罩用塑料袋密封，完好无损并系在氧气瓶上，铅封完整，日期在有效期内。

使用时，不要摔或撞手提式氧气瓶，根据需要打开其中一个防尘罩，避免氧气与油或脂肪接触，擦掉浓重的口红或润肤油，因为当氧气对油脂类物质直吹时，可能会引起火灾；插上氧气面罩，逆时针转动开关至全开位置，释放氧气，转动开关时切勿用力过猛，以免造成氧气瓶损坏，延误抢救时间，同时检查氧气袋是否充氧，将氧气面罩罩在口鼻处；氧气开始流动时，导氧管中的氧气指示标志由白色变成绿色；压力指针至500磅/平方英寸时，应停止使用，以便再次充气。

此外，还要说明一点，提供一种流量的氧气瓶只有一个输出口，只需将金属插头插入即可；提供两种流量的氧气瓶则有两个尺寸不同的输出口，但氧气面罩的金属插头只能与一个出口相匹配，面罩一般匹配的是高流量出口，特殊情况下如使用的是两种流量的氧气瓶，当金属插头与其中的一个输出口不匹配时，应立即选择另一流量的输出口。

近几年出厂的飞机采用比较多的是POCA氧气瓶，它的不同之处在于POCA通过显示窗的数字来选择氧气瓶氧气的流量，POCA的显示窗上有3个挡位，分别为"红色"——关闭位、"2"——2升/分钟、"4"——4升/分钟。使用POCA氧气瓶时，将阀门逆时针旋转至"2"或"4"挡将氧气打开，关闭时顺时针旋转阀门至显示窗显示红色为止，PCCA氧气瓶在"2"和"4"之间的位置上是没有氧气输出的，使用时必须注意，以防使用者窒息。

（三）保护呼吸设备的使用

保护呼吸设备提供一个防烟面罩，防烟面罩是由化学氧气发生器、触发开关、面罩、送话器和松紧带五部分构成的，民航乘务员和机组成员在客舱封闭区域失火和有浓烟时使用，它可以保护灭火者的眼睛和呼吸道不受火和烟的侵害。

保护呼吸设备由防火材料制成，即使使用者戴着眼镜也能很方便地套在头上。

它有一块透明板,为使用者提供良好的视野。口鼻罩提供氧气,为乘客供氧。氧气是由防烟面罩后部的氧气发生器提供的。当触发拉绳被断开后,化学氧气发生器中温度上升并与使用者呼出的 CO_2 反应,化学发生器开始工作,生产出氧气,保护呼吸设备如图 4-10 所示。

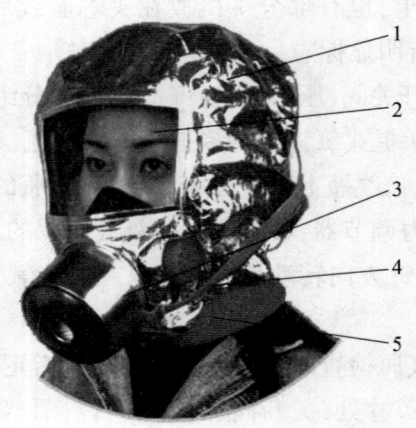

1—阻燃、抗高温通头罩,反光并极易在火场浓烟中被发现,并适合长发、有胡须、戴眼镜者使用;
2—大眼窗,具有开阔视野;3—不锈钢滤毒罐;4—可调整的一点式带扣;5—纯棉阻燃脖套

图 4-10　保护呼吸设备

根据人呼吸量大小不同,防烟面罩使用时间也不相同,平均使用时间为 15 分钟,呼吸快时可能有灰尘感或咸味。飞行前的检查内容:确认防烟面罩固定在指定位置;确认包装盒未被打开,捆扎带完整;真空包装带完好;确认外包装铅封完好。

使用时,打开包装盒,取出防烟面罩并展开,撑开密封胶圈(大小与头同大),在无烟区戴上面罩,整理面罩位置,头发必须全部放进面罩内,衣领不要卡在密封胶圈处,戴眼镜的使用者,戴好后要在防烟面罩外面整理眼镜位置;向前拉动固定搭扣,使触发拉绳断开,然后向后拉紧。氧气发生器开始工作,可以通过防烟面罩前部单向的送话器与外间联系;当氧气充满防烟面罩时,防烟面罩为饱满状态;当氧气快用完时,由于内部压力减小,防烟面罩开始内吸,应学会识别这种状况并立即到无烟区更换新的防烟面罩。

二、应急出口的选择

应急出口是客机应急救生设施的一种。当飞机发生紧急情况时,应急出口是最重要的逃生通道。实际上,有调查数据显示,客机在起飞后 3 分钟与降落前 8 分钟这两个时间段内最危险。因此,旅客需要保持警惕,仔细观看并牢记起飞前播放的安全须知及紧急情况下的处理措施。意外发生时,回忆应急出口的位置,不要盲目跟随人流跑动或一拥而前。旅客登机时,看清并记牢自己的座位与应急出口的距离,是非常重要的。

各机型的应急出口位置互不相同,下面以机翼上方的出口为例简要说明打开应急出口的操作方法。当飞机发生意外事故迫降着陆后,打开盖板凹口移走手柄盖,滑梯已待命指示灯亮,抓住门框协助手柄,检查外界状况,提起透明手柄盖板,拉下舱门手柄,使用手柄凹口和盖板凹口,将舱门从门框中提起,舱门向内移动,将舱门从开口处扔出。只要将应急门上拉手柄拉到应急打开的位置,应急门就会自动打开,敞开应急出口,拉滑梯人工充气手柄,对撤离滑梯充气。

通常,如飞机发生事故时,机舱内漆黑一片,旅客需注意观察过道内的荧光条,向着有光亮的地方跑。黑暗中,有光亮的地方往往就是逃出飞机的通道。

三、应急滑梯的使用

各机型的救生滑梯的操作方法各不相同,滑梯救生筏可在 3 秒内充气并展开,一个滑梯救生筏每分钟每个通道可容 60 名旅客撤离。下面以单通道滑梯、双通道滑梯为例,简要说明应急滑梯的操作方法。

（一）单通道滑梯

单通道滑梯仅用于陆地迫降,水上迫降时可拆卸翻过来作为浮艇,通常可用于自动充气,自动充气失效时,必须拉出滑梯救生筏连杆伸出部分上的红色人工充气手柄。手柄位于连杆伸出部分的右侧,掀开地板上的盖布,拉出白色断开手柄。割断系留绳,使之与机体完全脱离。飞行前,必须检查滑梯的压力,滑梯充气不足或不充气时,可使用滑梯底部两侧的手柄使之展开,作为软梯使用。单通道滑梯如图 4-11 所示。

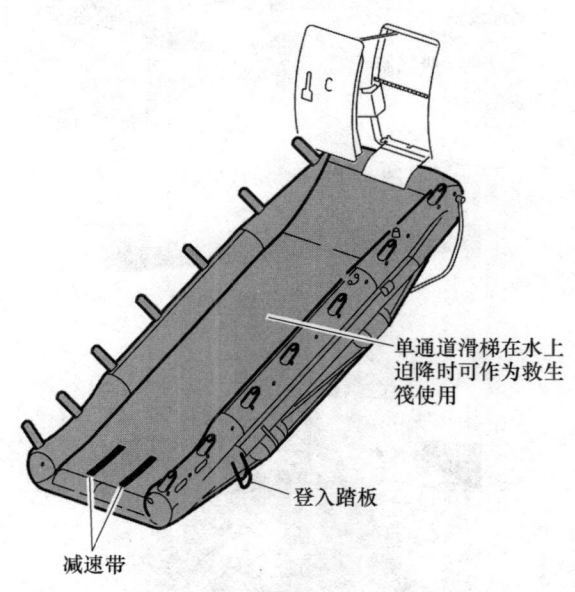

图 4-11　单通道滑梯

（二）双通道滑梯

双通道滑梯在陆地迫降时作为撤离滑梯使用,陆地迫降时使用方法和单通道滑梯用法相同,在水上迫降时可作为救生船使用。

如图4-12和图4-13所示为应急滑梯的使用。

救生船充气后,一名机组成员进入滑梯救生船并移动到末端,随后旅客登上救生筏,并从末端开始入座;最后登上救生阀的人也必须是机组成员,他需将滑梯救生筏从飞机上脱开。滑梯救生船通过一根系留绳系在飞机上,脱离时为松开连在客舱地板上的连杆伸出部分上的系留绳,使滑梯救生船从飞机上脱离,需拉出位于滑梯救生筏顶部袋中的人工释放手柄,若系留绳未松开,使用弯刀人工释放。

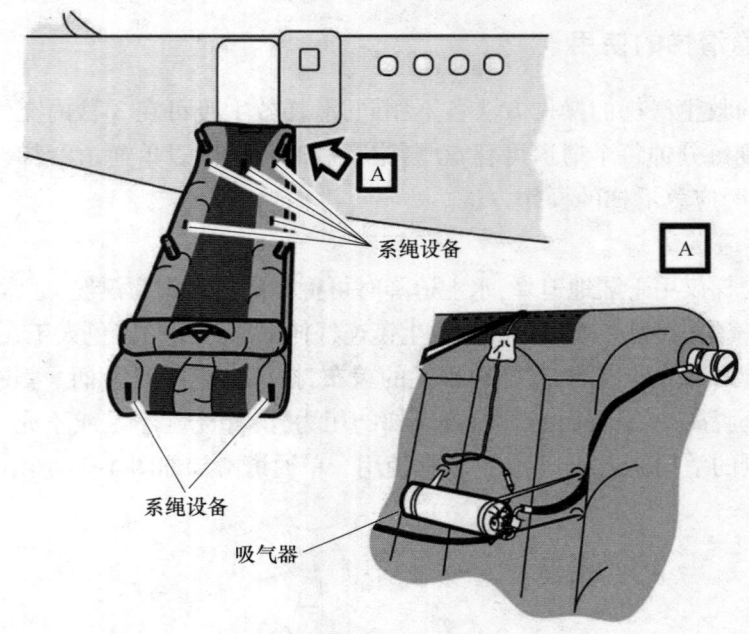

图4-12 滑梯救生船

图4-13 水上迫降时应急滑梯作为救生船使用

四、灭火设备的使用

当飞机上发生火灾时,根据失火的物质,选择使用相应的灭火设备,如水灭火器或海伦灭火器。

(一)手提式水灭火器的使用

水灭火器适用于一般性火灾的处理,如纸、木和织物等的失火,不能用于电器和油类失火。飞行前,需检查灭火器在指定位置并固定好,铅封完好,瓶体为无损坏状态,日期在有效期内。

使用时,瓶体不要横握或倒握,垂直握住瓶体,向右转动手柄,用右手拇指按下触发器,移动灭火器喷嘴对准火源底部边缘,喷射距离为距火源2~3米,由外向内平行移动,使用时间是40秒。

(二)手提式海伦灭火器的使用

海伦灭火器适用于任何类型的火灾,最适用于油类和电器类的失火。飞行前,应检查海伦灭火器是否在指定位置并固定好,安全销是否在穿过手柄和触发器的适当位置,压力指针指向绿色区域内,瓶体无损坏,日期在有效期内。

拿起灭火器时,不要横握或倒握,需垂直握住瓶体,快速拔下环形保险销,握住手柄和触发器,喷嘴对准火源底部边缘,喷射距离为距火源2~3米,由外向内做圆圈状喷射,使用时间约为10秒。

海伦灭火剂喷出的是雾,但很快产生可以隔绝空气使火扑灭的气化物,因此不能用于人体面部的火灾,以免造成窒息。由于表层的火被扑灭后里层可能仍有余火,所以随后应将火源区域用水浸透。

(三)卫生间灭火系统

1. 烟雾报警系统

烟雾报警系统主要包括烟雾感应器和信号显示系统,它可以较早发现火情并自动发出警示。

烟雾感应器安装在洗手间的顶部,信号显示系统位于烟雾感应器的侧面。当洗手间内的烟达到一定浓度时,通过烟雾感应器传给信号显示系统及民航乘务员呼叫面板,信号系统的红色指示灯显示闪亮,并发出刺耳的叫声,在民航乘务员指示面板上"SMOKE LAV"指示灯亮,卫生间外部上方琥珀色灯同时闪亮。

2. 自动灭火装置

在每个洗手池下方都有一个自动灭火装置,灭火装置包括温度显示器、海伦灭火器和两个指向废物箱的喷嘴。在通常情况下,温度显示器为白色,两个喷嘴用密封剂封死。当废物箱内达到很高温度时,温度显示器由白色变成黑色,喷嘴的密封剂自动溶化,两个喷嘴都将向废物箱内喷射海伦灭火剂,当灭火剂释放完毕后,喷嘴尖端的颜色变为白色,时间约为3~15秒。

五、救生船的使用

救生船主要用于水上迫降时撤离旅客,救生船包重量最少为50~64千克,断开手柄、人工充气手柄及缠绕好的系留绳位于包装袋上一块颜色明显的盖布上,随着舱门打开,连杆的张力将组件板从舱门中拉出,组件板下落到门槛下,速度边带释放,救生船从组件板中掉出,两个充气管分别位于船的上下两侧。启动拉绳驱动调节阀,气体便供给吸气泵,充气开始,中间系绳设备将滑梯救生船限制在其伸出长度的约三分之一以外,以防止救生船在机身下充气。当救生筏完全充气时,中间系绳松开,滑梯救生筏向外向下伸展接触地面。充气压力传感器与CIDS(客舱集中通信数据系统)连接,充气瓶压力显示在民航乘务员的面板上。

救生船上所有设备都有标牌,以便迅速识别,救生包系在展开的船上,由一根绳子连接着漂浮在水中,撤离时必须将其拉入船上。不使用时,设备必须储存好并固定在船上以防丢到船外。

(一) 天棚及支撑杆的使用

将天棚拉链式的开口放在登船位,救生船定位灯露出天棚,用支撑杆穿入天棚上的孔中将天棚支起来,用锁扣或小绳子将天棚与船固定好。使用时,从逆风一侧开始撑起,中央支撑杆的接头接好,再将支撑杆插入底部的支撑孔处并固定好,以便在大风天气控制天棚。

(二) 海锚的使用

海锚是系在船的外侧边缘的伞状尼龙织物,分为自动抛放和人工抛放两种,它的位置在船身上有标志。抛锚时,应在救生船逆风一侧,以减少救生船在水上的漂荡、打转。

(三) 救生船专用刀

救生船专用刀主要安装在系留绳旁,用在乘客撤离结束后割断系留绳,以尽早将船与飞机脱离开,防止救生船接触尖锐的金属残片或溅出的燃油。

(四) 救生绳

救生绳是指救生船上连接一个带有橡皮环的缆绳,主要用来营救落水乘客或将救生船与救生船连接起来。

(五) 手工充气泵

手工充气泵用来给救生船气囊充气不足时充气。使用时,插入或拧入阀门,如是拧入的,在充气前阀门必须转到打开位置,关闭时应逆时针旋转,在拆下气泵时阀门应在关闭位置。

(六) 救生包

救生包内有下列物品。

1. 昼夜信号弹

昼夜信号弹是只有在过往的飞机或船确实可以被看到或接近时才发射的求救信

号,光亮可持续大约20~30秒。用于陆地迫降时,应在高的开阔地带发射;在水上迫降时,需在船的顺风侧握住信号弹伸出船外,以防止热的燃屑烧坏救生船并防止信号弹的烟雾吹向船上的人员。

若在白天发射,发射的一端盖面上摸起来应是平滑的,弹筒内喷射出明亮的橘黄色或橘红色烟雾,发出信号可在12千米以外看到;若在夜间发射,应选择保护盖上有几个突出圆点区的一端进行,信号筒可发出闪亮的红色光柱,发出的信号可在5千米以外看到。

使用时,需首先确认好端部,打开盖子,用拇指或手钩住D形环,拉出信号弹中环形导火线引燃信号弹;用完后,将燃过的一端浸入水中,冷却后,保存好信号弹未用部分并放在救生包内。

2. 定位灯

定位灯与救生衣上的指示灯一样,利用水驱动电池工作,位于登船位附近以帮助乘客从水中登上救生船。

3. 信号镜

信号镜可用来向过往的飞机和海上的船只反射太阳光。使用时,将太阳光从镜子上反射到一个附近的表面,将镜子向上移到眼睛水平处,通过观察孔观看到一个光亮点,即目标指示光点,然后缓慢转动身体,调节镜子方向使目标指示光点落在目标上。信号镜可反复使用,镜面上反射光的视程可超过23千米,使用时需把拴在镜角上的绳子在手上套好,以免掉入水中。

4. 海水染色剂

海水染色剂含有的化学试剂可以将救生船周围300米的水染成荧光绿色,需在看到搜救人员并且海水流速相对比较平稳时使用,绿色荧光染料可在水中保持2~3小时。

使用时,每次只使用一个染色袋,撕开包装,将短绳系在救生船逆风的一侧,拉下盖片释放染色剂,将染色剂扔到水中,若海水流速缓慢,则搅动海水来增大流速使染料快速散开。

5. 海水手电筒

海水手电筒利用开关或通过灌入海水、盐水接通电池工作,用于照明和发求救信号,当光减弱时可加入海水或盐水继续使用,照明范围可达15千米,照明范围内的海域内可以看到亮光。

6. 药品包

药品包中主要备有水净化药片(用于净化淡水,不可直接吞服)、烧伤药膏、消毒棉擦、晕海宁(成人使用间隔4~6小时,1~2片/次;儿童使用间隔6~8小时,每次1/4~1/2片)、胺吸入剂、创可贴、绷带及胶布等。

7. 修补包

修补包用于修补破损救生船的漏洞。使用时,松开螺丝帽,分离夹子,将手穿入线绳上的布环内,将密封盖插入船的破洞,另一个铁盖盖在密封盖上,然后将螺丝帽拧紧即可。

8. 安全灯棒

取出安全灯棒,从中间折弯,注意不要折断,然后系在船外侧的绳上,用力摇晃,使用时间约为12小时。

六、救生衣的使用

(一)成人救生衣使用方法

成人救生衣的使用方法很简单,将救生衣从座位下取出,撕掉袋子上的拉片,打开缝好的末端,展开后握住救生衣领口两侧,将头套入领口穿好,红色充气阀门要穿在前面,将腰带沿背部从后到前系在腰上,抓住锁扣末端,在救生衣下插入锁扣,用腰带拉片拉紧,确保救生衣与身体完全贴合。在水上迫降撤离到门口时方可打开红色充气标签,使用气体充气系统对救生圈充气。穿着已充气的救生衣从应急出口撤离时会受阻,充气不足时可将救生衣两边的人工充气管拉出,用嘴向里面充气,但如果充气前先用嘴充气会导致压力过大使救生衣爆裂。救生衣若需减压,也可按压口部充气系统气管末端的活门用于释放气体。无论安装何种型号的座椅,所有客舱区的成人救生衣均位于每位旅客座椅的下方,成人救生衣位置及穿戴方法如图4-14、图4-15所示。

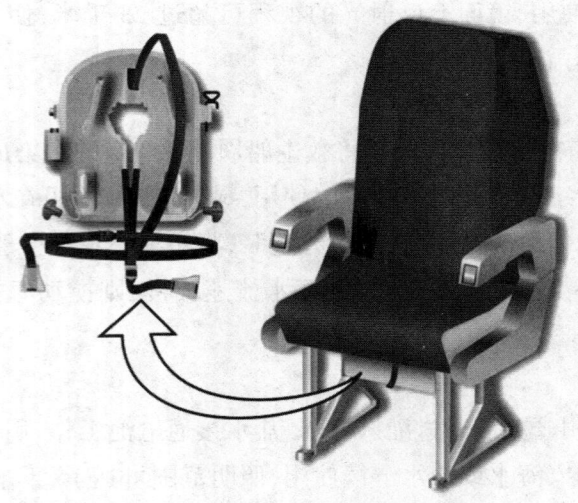

图4-14 成人救生衣的位置

(二)儿童救生衣的使用方法

儿童救生衣的使用方法,同样是将其经头部穿好,红色充气阀门放在前面,将儿童背后的救生衣拉下,使其完全展开。将带子从儿童的两腿间交叉穿入前面的环中扣好系紧,使救生衣下端与腰完全吻合,将多余的带子缠入儿童的腰间。未成年人的救生衣在离开座位时,拉下一个充气阀门使一个气囊充气。充气不足时,可与成人救生衣使用方法一样,将救生衣两边的人工充气管拉出,用嘴向里面充气。

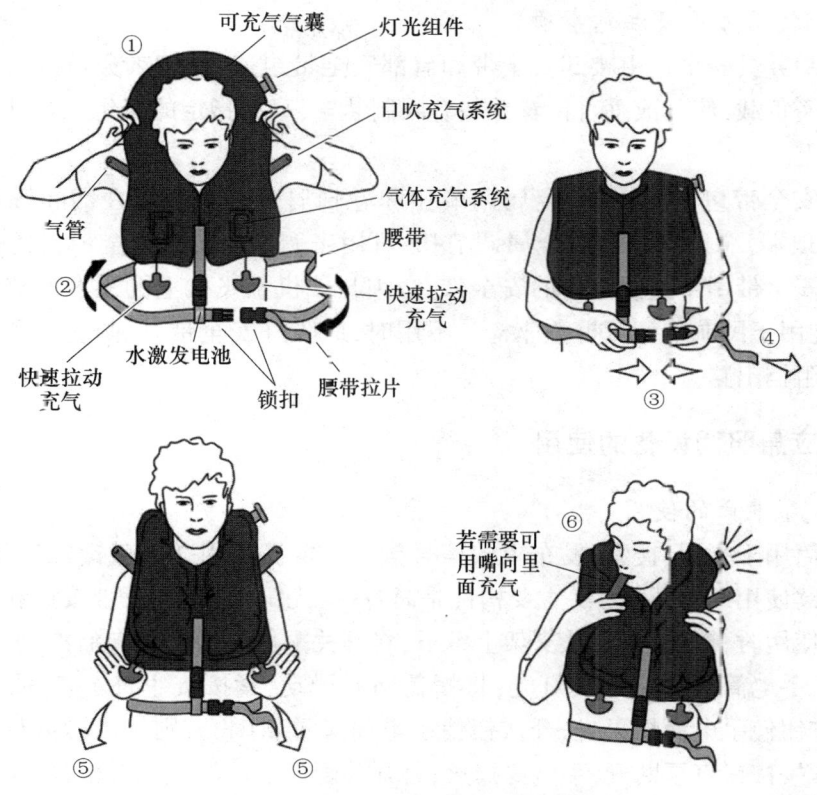

图 4-15 成人救生衣的正确穿法

(三)婴儿救生衣的使用方法

将婴儿救生衣取出后,由头部套进,把婴儿的一条腿从环形的绳索中间跨过来,慢慢拉动两腿间的绳索,扣好腰间的带子并系紧,然后拉开红色充气手柄或用人工充气管充气。

每个救生衣上方都设有定位灯,用于夜间水上迫降时,确定落水者的方位。当海水浸入救生衣底部的电池块上的两个小孔时,灯光组件即可启动,电池立即开始工作,几秒后救生衣上的定位灯点亮,并可持续8~10个小时,除非救生船已坏,否则不要尝试穿救生衣游泳。

七、安全带的使用

安全带、旅客座椅都是机上安全设施,安全带是安装在客舱座椅上的一套安全设备,在飞机滑行、起飞、颠簸、着陆的过程中及"系好安全带"灯亮时,所有人员都必须系好安全带。

(一)安全带的分类

安全带主要分为成人安全带、婴儿安全带、机组安全带及加长安全带。其中,成人安全带供正常成人、儿童旅客使用；婴儿安全带供2周岁以内的婴儿使用；机组安全带供民航乘务员使用；加长安全带在安全带的长度不够时使用。

（二）使用方法及注意事项

民航乘务员安全带由腰部安全带和肩部安全带组成，民航乘务员的折叠座椅下部都有弹簧负载，使其成垂直位置并装有限制装置，只有指定的机组人员才可以坐在折叠座椅上。

腰部安全带包含固定器、金属调节扣和卷轴肩带。具有惯性的卷轴肩带位于安全带的顶端，靠近腰部装有金属调节扣，可用来调节与腿部安全带相连的肩带。

加长安全带用于连接原来的安全带，必须与该机型飞机上的乘客座椅安全带相匹配，不能用于民航乘务员折叠座椅。不用时，应收好安全带，以防止带子损坏及紧急情况下阻挡出路。

八、应急照明设备的使用

（一）手电筒的使用

手电筒用于指挥、搜索、发布求救信号等。手电筒使用2节碱锰二氧化碳电池，通常可持续使用约4.2小时。主要构件是筒身、反光配件、镜片及带按钮和帽盖的开关组件。使用时，握住筒身，从支架上拿下，将开关配件上的帽盖向后滑动，紧按按钮直至接通，手电筒可提供连续灯光；将帽盖向后滑动，紧按按钮直至接通，手电筒闪亮，轻按按钮使手电筒熄灭，松开按钮使手电筒又重新闪亮，则提供脉闪灯光。使用结束后，紧按按钮直至断开，手电筒熄灭，将开关配件上的帽盖向前滑动，手电筒筒身牢牢推入支架。

有裂纹或破损但仍发光的灯泡在不利条件下可能引起爆炸。SOS信号为：三次短信号（表示S）、三次长信号（表示O）、三次短信号（表示S）。手电筒的使用如图4-16所示。

（二）应急灯的使用

应急灯的使用主要分为自动方式及人工方式：自动方式下，驾驶舱内应急灯开关在"ARMED"位置，一旦电源失效，所有飞机内外部的应急灯自动接通，应急照明可持续15~20分钟；人工方式下，驾驶舱的应急灯开关在"ON"位置，所有应急灯都会亮。

当民航乘务员控制面板上的应急灯开关放在"ON"的位置时，所有应急灯也会亮，并可操控驾驶舱。通常情况下，应放在"NORMAL"的位置。飞行前，应测试应急灯开关在"NORMAL"位置，测试开关在民航乘务员控制面板上。测试时，若连续2~3个应急灯不亮，则飞机不能放行。

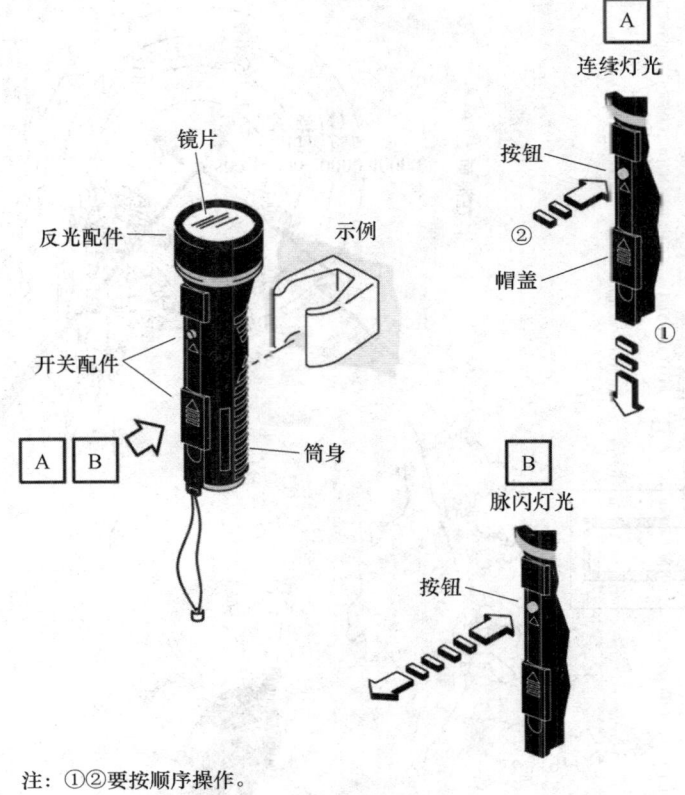

图 4-16 手电筒的使用

九、应急无线电信标机的使用

应急无线电信标机(简称信标机),用于在飞机遇险后,向外界紧急发出救生信号。信标机用标准释放锁扣保持在一个支架上,是一个小型的、能漂浮的应急定位器发射机,包括发射机、天线、盐水激化电池、液体容器袋、电子配件、系留绳等,可在水中或陆上工作。在发生紧急情况时,应急无线电信标同时在三个频率上发射遇难无线电频率,发射信号为:民用遇难频率为 121.5MHz;军用遇难频率为 243MHz;COSPAS-SARSAT 频率为 406MHz。

应急无线电信标机的使用如图 4-17 所示。

使用时,握住信标的顶部,拉动快速释放拉手,可取下信标机,或打开标准释放锁扣,握住信标机,也可将其快速取下。

在海水中使用时,需解开信标机顶上的系绳,将系绳牢牢地系在救生船上,将信标机放在救生船旁的海水中。信标机在 5 秒后将自动工作并漂到绳端之处。信标机一旦接通,每次只能使用一个,发报时间将持续 48 小时,作用范围大约为 350 千米。关闭时,将信报机从水中取出,天线折回,躺倒放在地上。

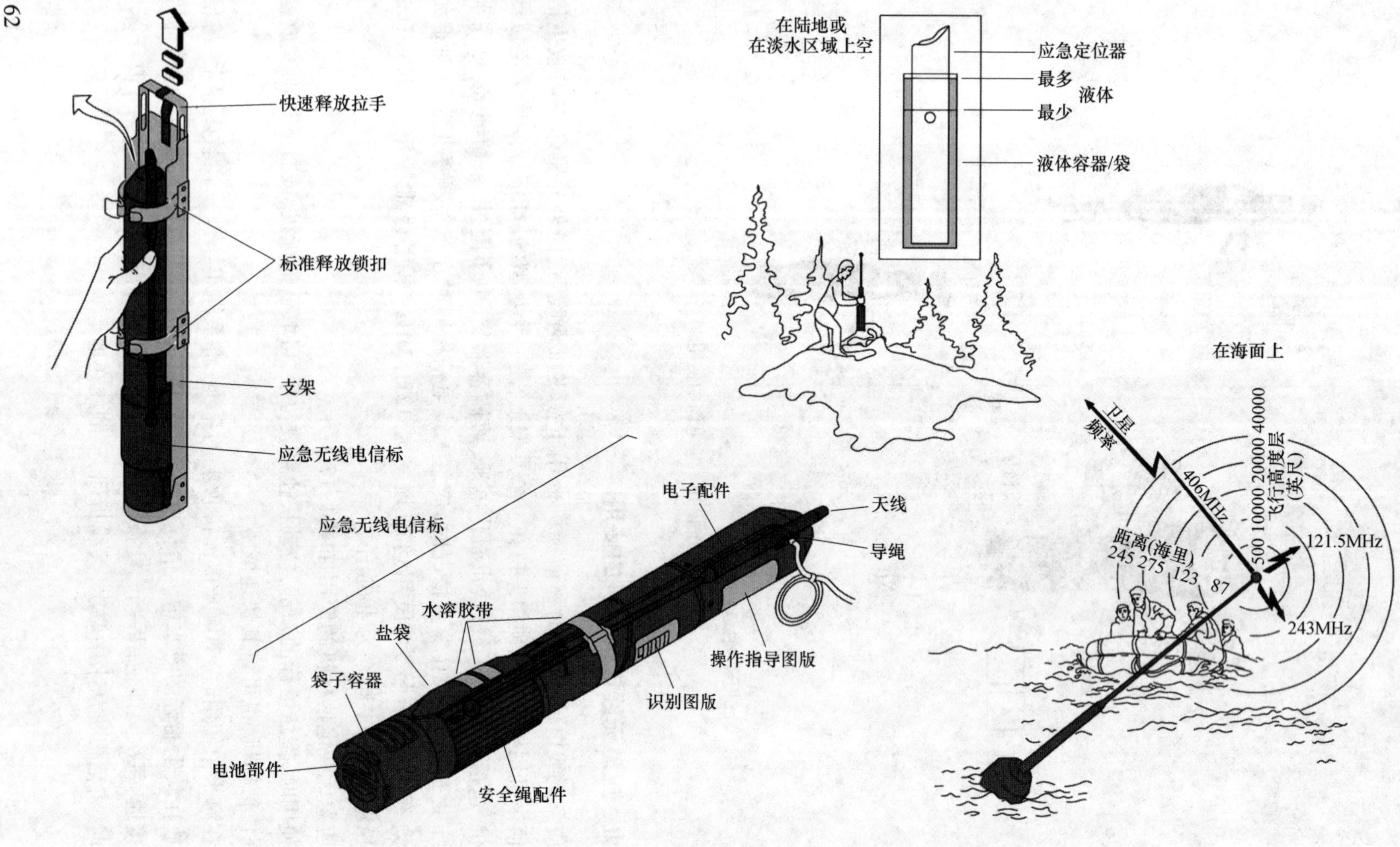

图4-17 应急无线电信标机的结构与使用

如在陆地或淡水区域使用时,需寻找树林等无障碍物的地方,选择最高点,手握信标机使天线在竖起期间远离所有人群和障碍物,将手放在天线上方,扯开封住天线的胶带,小心将天线竖起,不要倒放或躺放。

展开系绳下的塑料袋,小心取下并打开塑料袋上的盐袋,在袋中装入半袋水或淡茶或淡咖啡,不能放入油,将其混合。慢慢将信标机下端插入装有混合盐水的塑料袋中,确保任何时候溶液均淹没信标侧方的两个注水孔,并使天线垂直以确保最大范围发射,信标机将在 5 分钟内自动工作。为达到最佳发射效果,可蹲下以低于天线平台(组件盒顶部)或保持约 18.3 米(60 英尺)的距离。若有足够的水或盐,按 12~24 小时间隔更换供水以保持充足的电源输出。

十、其他便携式应急设备的使用

(一)安全演示包

安全演示包存放于飞机上民航乘务员站位附近的储存柜或衣帽架内,主要包括安全须知卡、安全带、氧气面罩及救生衣,用于航班飞行前民航乘务员对客舱旅客进行安全演示。飞行前,需检查其是否在指定位置,包内物品是否齐全。安全演示包如图 4-18 所示。

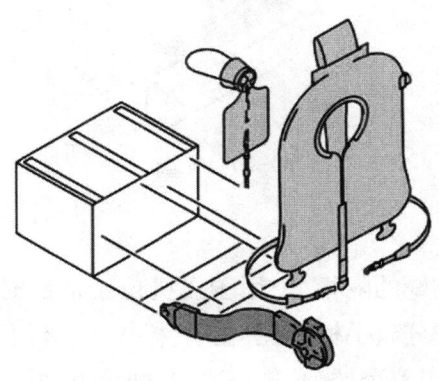

图 4-18　安全演示包

(二)扬声器

机上扬声器均使用 8 节碱性电池(AA 尺寸)。使用时,将扬声器握住放至嘴前,嘴唇贴近扬声器的送话器,按下按钮开关,然后以宏亮的声音慢速讲话。不要将手放在送话口附近,扬声器对着旅客但不要靠近人耳,以免扬声器放大的声音或啸叫声损伤旅客内耳。扬声器如图 4-19 所示。

(三)应急斧

应急斧用于砍断轻薄结构的门板和窗户。应急斧的手柄不导电,可抗高压。应急斧放置在机上的支架上。紧急情况时,用于劈凿门窗、舱壁。应急斧手柄是足以耐 2400V 电压的绝缘体,如图 4-20 所示。

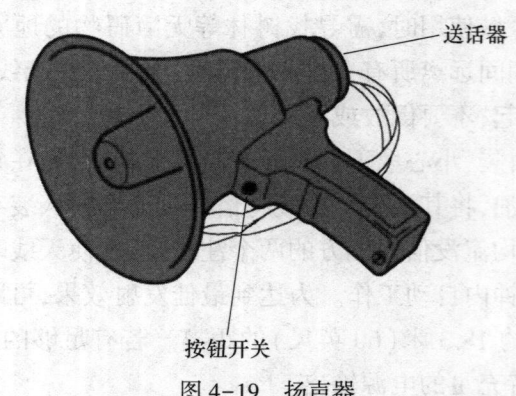

图 4-19 扬声器

图 4-20 应急斧

（四）隔烟罩

隔烟罩储存在楼梯侧壁的隔板处，用于飞机位于地面时隔离主舱的烟雾。使用时抬起隔烟罩储存室上的分离手柄，取下盖子，抓住两个红色布手柄，拉出隔烟罩，展开后盖过楼梯的扶手，封闭整个楼梯，扣好边扣，确保隔烟罩与地板的连接处密封。

（五）防护手套

防护手套存放在机上的专用口袋中，用于驾驶舱失火时，保证驾驶员能够操纵飞机时使用或主货舱灭火时供兼职消防员使用，或机组成员用于抓取高温金属或燃烧物件，具有隔火防热作用。防护手套如图 4-21 所示。

（六）防烟镜

防烟镜用于保护驾驶舱内的机组成员在烟雾充满驾驶舱时眼睛不受伤害，保证飞行员继续飞行。使用时，需保证眼镜的密封边紧贴在眼部和全面部氧气面罩边缘，固定用橡胶带套在脑后和氧气面罩一起戴在脸上。

（七）防火衣

防火衣用于灭火时使用。在进入火场前，应先穿好防火衣，并将其完全扣好后再进入，可以保护灭火者的四肢躯干不受火的侵害。

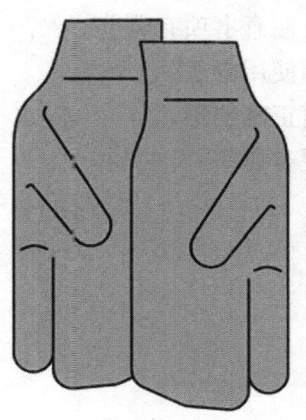

图 4-21 防护手套

资料链接

埃塞俄比亚客机空难事件

1996 年 11 月 23 日，埃塞俄比亚航空 961 号客机在飞行途中被三名寻求政治庇护的埃塞俄比亚人劫持，在接近科摩罗的印度洋时燃料即将耗尽，机长决定在离 LeGalawa 海滩 500 米的海上进行水上着陆，左边的引擎和机翼首先落入水中令机身解体，岛上的居民和游客，包括潜水员和一些法籍医生，立即参与救援。

机长把飞机在水上迫降前，曾以广播指示乘客穿上救生衣，并不要充气，但不少乘客均将之充气。当飞机坠海时，机舱随即入水，把救生衣充气的乘客因被浮力卡在天花板上，无法游到水下舱门处逃生，而被困在舱内溺死。最终，机上 175 名乘客和机组人员中，有 125 人遇难。

能否正确使用救生衣，对于水上迫降的求生是至关重要的。当机长选择水上迫降时，客舱已全部做好了撤离的准备，旅客在座位处直接给救生衣充气会造成过道拥堵，导致无法顺利撤离。另外，由于机身有破损，机舱内迅速充满了水，没有给救生衣充气的旅客可通过水下的机门迅速逃离客舱，而给救生衣充气的旅客则会浮到机舱上部，并且充满气的救生衣是很难解下来的，导致这些旅客无法从水下的机门撤离，最后窒息死亡。

本案例中，首先由于部分旅客未按规定给救生衣充气，损失了很多可以逃生的时间；其次这些已给救生衣充气的旅客，在客舱充满水后，又失去了再次逃生的机会。所以说正确使用救生衣在飞机水上迫降时是非常重要的。

自我检测

(1) 简述应急设备的分类、位置和标志。
(2) 简述手提式氧气瓶的使用时间、方法及流量控制原则。
(3) 简述手提式水灭火器与海伦灭火器的区别及飞行前检查的注意事项。

（4）防烟面罩如何使用及注意事项有哪些。
（5）简述救生衣的分类和使用方法。
（6）安全带的类型及如何正确使用。
（7）常见的求救设备主要有哪些。

第五章 应急处置

知识目标

（1）了解应急处置的基本原则与相关知识。
（2）掌握民航乘务员应急处置的职责。
（3）熟悉应急处置的方法与程序。

能力目标

（1）能掌握应急处置的基本知识。
（2）能根据机上可能发生的各种紧急情况做正确判断。
（3）能对于不同紧急情况采取相应处置措施。
（4）提高应变及处理问题的能力。

案例导入

女乘客携汽油欲引爆南航客机　空姐挫败空难

2008年3月7日，一架从新疆乌鲁木齐飞往首都北京的客机遭到恐怖攻击，一名女乘客企图制造空难，但机组人员及时制止了嫌犯，客机紧急降落在甘肃省兰州市，乘客和机组人员全部安然无恙。

该乘客是一名女孩，她携带汽油瓶登上了3月7日上午10点35分从地窝堡国际机场起飞的航班。在飞行途中，一名空姐先闻到了淡淡的汽油味，按照气味的方向寻找，很快发现一名十八九岁的女孩为气味来源，空姐上前查询，并发现异常，机组人员随后协力将疑犯控制。飞机随后于12点40分紧急降落在兰州中川机场，所幸全部机组人员和乘客无恙。

分析：这个案例体现了民航乘务员具备敏锐和准确的判断力、正确处理能力，从而避免了一场机毁人亡的恐怖事件。

第一节 应急处置的基本知识

一、应急处置的基本原则

"安全第一,服务至上"是航空运输的重中之重,提高服务质量、保障客舱安全是航空公司运营的根本。由于航空运输的特殊性,在飞机从起飞到降落的一系列复杂过程中,任何不安全因素都可能导致难以预知的危险。当出现飞机失火、紧急迫降、劫机和危及旅客或飞机安全等特大突发事件时,要求民航乘务员能做出正确判断、迅速反应,快速采取有效措施,承担起保障旅客安全的角色。

(一)应急处置应掌握的基本原则

应急处置应该掌握的基本原则,是能从实际情况出发,民航乘务员听从机长指挥,根据客舱情况做出正确判断、迅速反应、沉着冷静、团结协作,维持客舱秩序,灵活机智地应对突发状况,采取积极有效的应急处置措施。

(二)应急撤离的组织工作与职责

1. 机长职责

机长是应急撤离行动的决策者和责任者,对飞行安全具有绝对的指挥权,机上所有人员必须服从机长的指挥。如果机长失去指挥能力,机组成员和机上旅客必须按照机上指挥权的接替顺序下达命令。

机长负责下达应急撤离行动过程中的各种行动指令,指挥、协调机组成员的行动,确定应急情况的性质和是否有必要应急撤离,机长与客舱乘务长沟通客舱准备所需要的时间,通过客舱广播、扬声器、撤离警告或口令发出撤离指令,并把应急撤离计划通知空中交通管制部门以寻求支援。机上指挥权接替如图5-1所示。

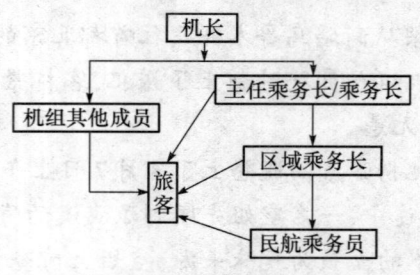

图5-1 机上指挥权接替

飞机在迫降前500英尺(约150米)时,机长需广播通知民航乘务员飞机即将接地(水);在迫降前50英尺(约15米)时,通知全体人员采取防冲撞安全姿势。在应急撤离时,机长发出应急撤离信号或撤离广播,机上人员立即解开安全带,进行应急撤离。

机上旅客及机组成员全部撤离后,机长负责最后的客舱检查工作,确保飞机上无人后,离开飞机。

2. 乘务组职责

乘务组在机长指挥下完成撤离的能力，往往决定了旅客在应急撤离过程中是否能迅速逃生，这需要每个民航乘务员明确个人职责，保障旅客的客舱安全及在飞机迫降过程中能有效防止撞击，迫降后能迅速撤离飞机，以及迫降后获得保护和生存帮助。

（1）登机期间乘务组安全职责

旅客登机时，乘务长要到指定的登机站位对旅客进行欢迎与讲解，乘务组成员到指定的登机站位，帮助婴儿、无人陪伴儿童、残疾旅客等特殊旅客入座，分配婴儿安全带，监控行李量，控制旅客流，确保客舱行李的安全存放，检查过道、出口和撤离路线无障碍，确保旅客遵守"禁止吸烟"的相关规定，检查旅客按规定就座及对应急出口座位的旅客进行 ABP 评估。登机期间，需时刻保持警惕，有任何异常或非正常情况及时报告乘务长，由乘务长报告机长。

（2）飞机推出前乘务组安全职责

飞机推出前，乘务长需到指定的舱门完成舱门待命程序，确认舱门检查情况并检查民航乘务员面板上的舱门页面。民航乘务员检查旅客就座且安全带已系好，旅客和机组行李的存放符合相应规定，洗手间无人并锁好，公共区无人并固定，机组休息区无人并关闭，确认旅客人数并报告乘务长，由乘务长报告机长。同时，需检查厨房设施已固定且配餐物件正确存放并锁好，出口和撤离路径无障碍，过道和过道交叉口无障碍，客舱门帘打开等内容，然后到指定的舱门或登机站位，完成舱门待命程序并相互检查对面的舱门，确认舱门已待命后报告乘务长。

（3）起飞前滑行期间乘务组安全职责

乘务长到指定的登机站位，要求民航乘务员就位"安全演示"位置进行"安全演示"广播，民航乘务员完成"安全演示"后再次确认旅客安全带系好，禁用便携式电子设备，所有起飞前的服务物件均撤走，餐桌和座椅靠背收至直立位，扶手和脚踏在正常位，电视监视器和空中娱乐（IFE）设备存好，出口和撤离路径无障碍。民航乘务员报告乘务长"客舱做好起飞准备"，乘务长报告机长"客舱已做好起飞准备"，按下前舱民航乘务员面板上的客舱就绪按钮，调暗客舱灯光，完成静默 30 秒的无声检查。

（4）起飞和爬升期间乘务组安全职责

乘务组成员关闭客舱门帘，调节客舱灯光，保持就座直至驾驶舱机组指示可以离开座位。

（5）巡航期间乘务组安全职责

巡航期间，乘务长应与民航乘务员和驾驶舱机组保持联系，保持警惕。在无驾驶舱机组指示时，可以决定在颠簸期间中断与安全无关的工作。民航乘务员要监控洗手间（至少 15 分钟一次）、厨房和客舱设施，检查火警探测系统可用，确保旅客只使用允许的电子设备，遵守所有灯光、烟雾、标牌和客舱指令，定时向乘务长报告。

（6）下降开始时乘务组安全职责

乘务长进行客舱安全检查的初期广播，民航乘务员打开客舱门帘，检查旅客就座及安全带系好状态，旅客及机组行李存放符合相应规定，公共区无人并再次固定，机组休息区无人并关闭，厨房设施已固定且配餐物件等均按要求正确存放，禁用的电子设备已关闭，出口和撤离路径无障碍，过道和过道交叉口无障碍，客舱如有需维修项目要及时报告乘务长，乘务长请求全部最新进场信息，要求地面协助。

（7）进近期间乘务组安全职责

乘务长按要求将"系好安全带"标志灯打亮，要求旅客返回座位并系好安全带。民航乘务员在"系好安全带"标志灯亮时，再次确认旅客就座且系好安全带，将餐桌及座椅靠背收至直立位，扶手和脚踏在正常位，设备均按要求存放，出口和过道无障碍，报告乘务长"客舱已做好着陆准备"。乘务长及民航乘务员各自就座且系好安全带，乘务长按下前舱民航乘务员面板，报告驾驶舱机组并调暗客舱灯光。

（8）着陆及滑行期间乘务组安全职责

着陆期间，乘务组保持就座，完成静默30秒的无声检查，直至驾驶舱机组指示可以离开座位。滑行时，乘务长前往指定站位，完成舱门解除待命程序，确认舱门已检查；民航乘务员前往指定站位完成舱门解除待命程序，并交叉检查对面的舱门后报告乘务长，由乘务长报告机长。

（9）旅客下机过程中乘务组安全职责

旅客下机时，乘务组成员需前往指定的下机位置送别旅客。注意：在下机过程中控制旅客的流量，确保旅客遵守"禁止吸烟"的相关规定。旅客下机后，完成总体客舱检查，如检查厨房、洗手间等区域，有任何异常情况及时报告乘务长。

（10）应急撤离时乘务组安全职责

航班飞行过程中，如发现机体结构性损伤、机体破损、威胁性烟雾、起火、发动机周围漏油、异常声响和撞击及其他严重影响安全的情况，如炸机、发现危险品等异常情况，需及时报告机长，并说明其类型、位置和程度。

应急撤离时，乘务长通过紧急呼叫系统，联络驾驶舱了解应急撤离的安排，乘务组成员负责控制旅客情绪，一旦情况恶化，立即进行迫降前的准备，实施撤离程序，协助旅客撤离。

二、应急撤离的基本知识

（一）应急出口的选择

应急撤离时，根据机长的指示、周围环境及飞机着陆（水）的姿态，以此来决定应急出口的使用。

1. 正常着陆迫降

所有出口均可使用，以A380机型为例，其应急出口如图5-2所示。

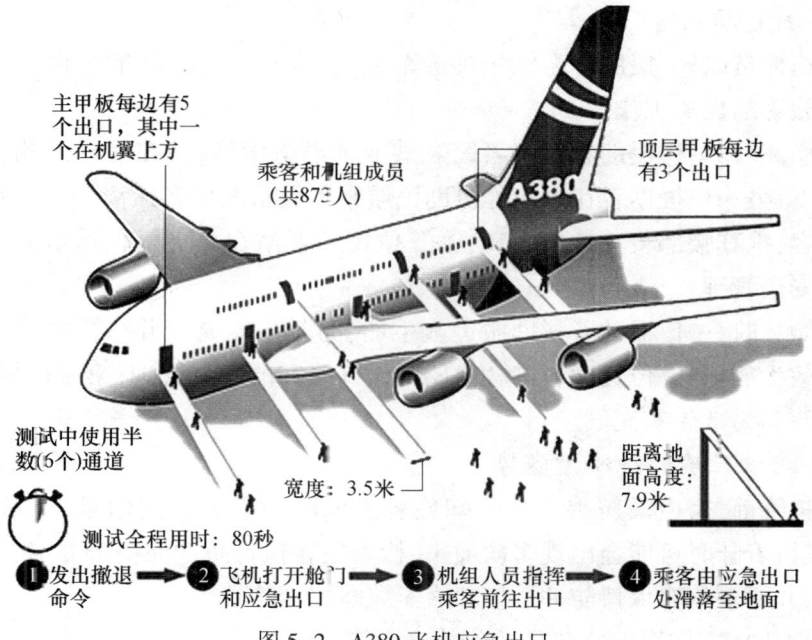

图 5-2　A380 飞机应急出口

2. 前轮和主轮全部折断

翼上出口不能使用,因发动机触地可能引起火灾。

3. 前轮折断

前轮折断时所有出口均可使用,但要根据后机门离地高度决定。如果滑梯此时不能着地,则滑梯不能使用。

4. 飞机尾部拖地

飞机尾部拖地时所有出口均可使用,但也要考虑此时前机门离地的高度,若前滑梯不能着地,则滑梯不能使用。

5. 飞机侧趴,主轮一侧折断

飞机侧趴时,因发动机触地可能引起火灾,所以靠地面一侧的机翼出口不能使用。

6. 水上迫降

水上迫降时,出口的选择要视飞机浸水情况而定,机翼出口一般不能使用。

（二）旅客撤离时的指挥

撤离时,乘务长负责下达命令,进行客舱指挥,大声呼喊"解开安全带！不要动！"（"Open seatbelt, don't move!"）,而后立即组织撤离。民航乘务员打开舱门后要迅速拉动人工充气手柄,然后用双臂封住出口,判断滑梯、救生船的充气情况,充气完毕后一名民航乘务员先下飞机负责地面(水上)指挥。乘务组成员如果所负责的门和出口不能使用,应迅速指挥旅客到其他出口撤离。陆地撤离时,指挥旅客"一个接一个跳、滑";水上撤离时,指挥乘客上船前将救生衣充一半的气。

(三) 挑选援助者

除机组成员以外，援助者需优先挑选军人、警察及身强力壮的男性成年旅客，以协助客舱旅客的撤离工作。

陆地撤离时，一位援助者随一名民航乘务员滑下滑梯，站在滑梯两侧，协助旅客从滑梯滑下；另一位援助者在出口处协助民航乘务员帮助旅客撤离，对在应急滑梯前踌躇的旅客，推其腰部将其推出出口；第三位援助者站在离飞机较远地方，负责旅客的集中和安全管理。

水上撤离时，一位援助者帮助搬运救生船，为救生船充气并指挥旅客下水，协助旅客登上救生船；另一位援助者进救生船内做好旅客的安全管理；第三位援助者在出口处指导旅客为救生衣充气。

(四) 采取正确的防冲撞姿势

紧急迫降前，需由民航乘务员告知旅客采取防冲撞姿势的信号，演示防冲撞姿势，说明飞机着陆时可能会出现多次撞击，检查旅客执行防冲撞姿势并对特殊旅客做个别指导，并要求旅客保持防冲撞姿势直至飞机完全停稳。

1. 面向机尾方向民航乘务员的防冲撞姿势

面向机尾方向的民航乘务员，防冲撞时需紧紧系牢肩带和座椅安全带，双臂挺直，手紧抓座椅边缘，头紧靠椅背，两脚平放用力蹬地，如图5-3所示。

图5-3　面向机尾方向的民航乘务员的防冲撞姿势

2. 面向机头方向民航乘务员的防冲撞姿势

面向机头方向的民航乘务员，防冲撞时需紧紧系牢肩带和座椅安全带，双臂挺直收紧下颚，双手紧抓座椅边缘或交叉抱住双臂，两脚平放用力蹬地，如图5-4所示。

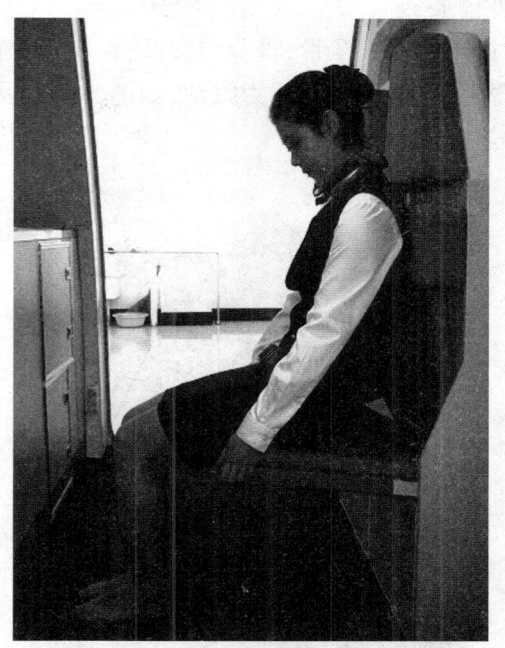

图 5-4　面向机头方向的民航乘务员的防冲撞姿势

3. 儿童/前排旅客的防冲撞姿势

儿童/前非旅客防冲撞时,需系紧安全带,身体向前倾,头贴在双膝上,双手紧抱双腿,两脚平放用力蹬地,如图 5-5 所示。

图 5-5　儿童/前排旅客的防冲撞姿势

4. 成人旅客的防冲撞姿势

成人旅客防冲撞时,需系好安全带,将双臂交叉,伸出双手抓住前排座椅靠背,头俯下紧贴在交叉的双臂上,双脚平放并用力蹬地,如图5-6所示。

图5-6 成人旅客的防冲撞姿势

5. 抱婴儿旅客的防冲撞姿势

怀抱婴儿的旅客,防冲撞时将安全带系在腹部,用衣服或毛毯将婴儿面朝内斜抱在怀中,在婴儿头部朝向通道内侧后俯下身,如图5-7所示。

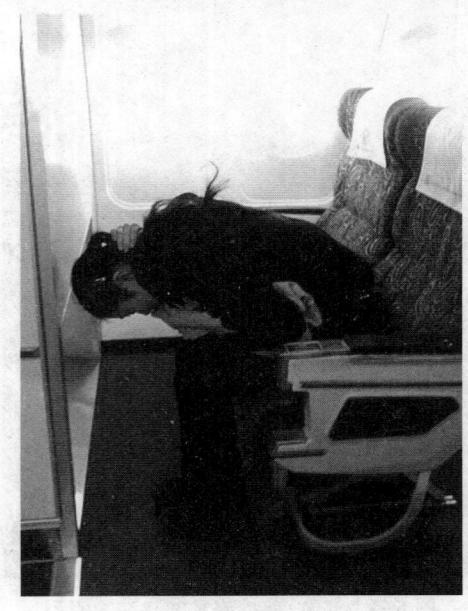

图5-7 抱婴儿旅客的防冲撞姿势

6. 孕妇、肥胖旅客等特殊旅客的防冲撞姿势

其他特殊旅客防冲撞时，需系好安全带，孕妇将安全带系在大腿根部，双手紧抓座椅扶手或双手抱头，同时收紧下颚，两腿用力蹬地，如图 5-8 所示。

图 5-8　其他特殊旅客的防冲撞姿势

7. 导盲犬防冲撞时的处置

对于盲人旅客所带的导盲犬，为防止紧急迫降时导盲犬被撞击，可在隔板区域旅客座椅地下铺上垫子并卸下导盲犬的挽具后套上皮套，最后交予主人。

（五）撤离时间

陆地撤离时间为 90 秒，这个时间是指从飞机完全停稳到机上最后一个人撤离完为止；水上撤离时间一般为 13 分钟~20 分钟，机上人员必须在这个时间段内撤离完毕，如图 5-9 所示为 A380 客机的陆地撤离时间及出口位置。

图 5-9　A380 客机的撤离时间及位置

（六）撤离前的个人准备

撤离前，需取下钢笔、发夹、小刀和珠宝首饰、手表等个人锐利和松散物品，脱下丝袜等尼龙物品，将它们放在行李袋内，假牙和眼镜放在自己外衣口袋内；解下围巾和领带放入行李箱内；脱下高跟鞋、皮鞋、带钉子的鞋；不要把任何东西放在座椅背后的口袋里，把所有物品和行李袋放在座椅底下或行李箱内，紧急撤离时不要携带任何行李。

（七）跳滑梯的姿势

（1）正常人从滑梯撤离时，需平举双臂、轻握拳头，或双手交叉抱臂，保持手臂位置不变从舱内跳出，落在滑梯内。双腿及后脚跟紧贴梯面，收腹弯腰直至滑到梯底后站起跑开，如图5-10所示。

图5-10　正常人跳滑梯姿势

（2）抱小孩的乘客从滑梯滑下时，要把孩子抱在怀中然后坐着滑下飞机，儿童、老人和孕妇也应坐着滑下飞机，但在梯面的姿势与正常人相同。

（3）伤残旅客根据自身的情况，选择坐滑或由援助者协助坐滑撤离。

（八）救生船的撤离顺序

救生船撤离时，一般情况下安排L1门和尾部舱门出口的船最先撤离，R1门出口的船最后撤离，其他船上满员后即可撤离。

（九）撤离方向的选择

（1）陆地撤离应选择在风上侧躲避，远离飞机至少100米，如图5-11所示。

（2）水上撤离应选择在风下侧，离开燃油区和燃烧区，如图5-12所示。

（十）旅客撤离后的清舱

确保所有旅客已紧急撤离飞机后，各区域民航乘务员进行区域清舱检查，确认无误后报告区域乘务长。在其他区域无须帮助时民航乘务员立即撤离。民航乘务员撤离时，应带上旅客舱单、急救药箱、信标机、扬声器、手电筒和民航乘务员手册等，带班乘务长负责客舱最后的清舱检查,陆地撤离由飞机最后的门撤离,水上撤离由飞机的R1门撤离;机长最后撤离飞机,一旦撤出飞机,则不要马上再进入飞机。

图 5-11　陆地撤离方向选择

图 5-12　水上撤离方向选择

第二节　应急撤离的程序

航空运输中的应急撤离,主要分为陆地撤离和水上撤离两种。从准备撤离的时间又可分为有准备的应急撤离、有限时间准备的应急撤离及无准备的应急撤离。

在飞行过程中飞机一旦遇险,需要紧急撤离时,驾驶舱和乘务组都有相应的应急预案和操作程序,并且民航乘务员每年都会定期进行复训和严格的演练。在此简单介绍应急撤离的基本知识和撤离时的注意事项,以及旅客应该怎样防护,避免自身受到伤害。

应急撤离时,对民航乘务员的基本要求是民航乘务员在平常飞行中要熟悉客舱的应急设备,对于应急设备的位置、用途、使用方法、注意事项,出口的位置,撤离路线的划分都要铭记在心中,牢记应急撤离程序。同时,要具备过硬的心理素质,在出现险情时，能临危不乱，做出正确的判断，及时向机长、乘务长报告，听从机长和乘务长的指挥，快速应对，密切配合，维持客舱秩序，指挥旅客迅速撤离。

一、应急撤离的分类

（一）有准备的应急撤离

有准备的应急撤离是指发生应急情况时，从事件发生到飞机着陆前，民航乘务员有10分钟以上的时间做客舱准备和应急广播，并对旅客进行必要的说明。有准备的应急撤离可能发生在陆地，也可能发生在水上。水上撤离是指飞机在可控制的情况下在水面着陆，因此使用漂浮设施对水上撤离工作至关重要。

（二）有限时间准备的应急撤离

有限时间的应急撤离是指准备时间不足10分钟或更少的有限时间内需完成的应急撤离。此时，乘务组准备工作的优先顺序是，固定好客舱厨房设备；检查座椅靠背、小桌板恢复正常位置；禁止吸烟并要求旅客系好安全带；介绍防冲撞姿势；撤离路线及应急撤离出口位置。

（三）无准备的应急撤离

无准备的应急撤离通常发生在飞机起飞或着陆时没有警告的情况下，在地面或水上进行的应急着陆，如终止起飞、冲出飞机跑道等。由于没有时间对应急事件做准备，因此民航乘务员必须在出现第一个撞击迹象时迅速做出反应。这就要求民航乘务员以正确的判断和果断的行动组织旅客撤离。

二、有计划的水、陆撤离程序

（一）有准备的陆地撤离程序

（1）乘务长从驾驶舱获取应急撤离的信息，如应急情况的性质、着陆方式、应急撤离形式、防冲撞姿势的信号等。

（2）乘务长召集民航乘务员，把应急迫降的信息传达给民航乘务员，对每位民航乘务员进行各自的责任分工，并确认其明确职责。

（3）应急迫降前，乘务组需完成以下工作。

① 广播通知旅客，航班需要进行应急迫降的决定。

② 确认旅客坐好并系好安全带。

③ 告知旅客收直椅背、扣好小桌板、收起脚踏板。

④ 关闭厨房电源及娱乐系统，固定客舱和厨房设备，清理出口和通道。

⑤ 按照援助者的选择方式在本航班上寻找合适的援助者并调整旅客座位。

⑥ 广播介绍应急撤离出口位置、路线。

⑦ 要求旅客取下随身佩戴的锐利物品，确认旅客衣物放松，存放好行李。

⑧ 演示防冲撞姿势。

⑨ 最后确认民航乘务员自身准备工作完成后，报告乘务长。

⑩当乘务组准备工作完成后,由乘务长报告机长"乘务组和客舱准备工作完毕"。

(4)防止冲撞。

①当飞机下降到 1000 英尺(300 米),即飞机着陆前约 1.5 分钟时,驾驶舱会发出"准备冲撞"的口令,此时民航乘务员要提醒旅客"系好安全带,做好防冲撞姿势"。

②当飞机下降到 500 英尺(150 米)时,驾驶舱发出警示,民航乘务员必须坐在民航乘务员座椅上,系好安全带和肩带。

③当飞机下降到 100 英尺~50 英尺(30 米~15 米)时,驾驶舱发出"冲撞开始"的口令,民航乘务员高声喊三遍"紧迫用力,Brace",并做好防冲撞姿势直至飞机完全停稳。

④当飞机完全停稳后,民航乘务员提醒旅客"解开安全带,不要动,听从指挥"。

(5)当飞机着陆停稳后,机长宣布"撤离"命令。如果广播系统失效,撤离警告鸣响或应急灯亮,民航乘务员应立即组织旅客撤离。

(6)开启舱门,撤离飞机。

①判断飞机完全停稳,确认滑梯预位,观察外面情况(如无烟、无火、无障碍)后,打开所需要的机舱门和出口。

②确认滑梯充气状况,指挥旅客撤离飞机。

③旅客撤离完毕后,民航乘务员、乘务长检查客舱后报告机长,随之带好所需物品撤离飞机。

④机长做最后的清舱后撤离飞机。

(7)应急撤离后续工作。

①把旅客安排在远离飞机至少 100 米的安全距离之外。

②清点旅客和机组成员人数,报告机长。

③组织救治伤者。

④发出求救信号。

⑤尽可能设置一名机组成员做警卫,以确保邮件、包裹或飞机各部分不受干扰。

(二)有准备的水上撤离程序

(1)乘务长从驾驶舱获取应急撤离的信息,如应急情况的性质、着陆方式、应急撤离形式、防冲撞姿势的信号等。

(2)乘务长召集民航乘务员,把应急迫降的信息传达给民航乘务员,对每位民航乘务员进行各自的责任分工,并确认其明确职责。

(3)应急迫降前乘务组需完成的工作。

①广播通知旅客,航班需要进行应急迫降的决定。

②确认旅客坐好并系好安全带。

③告知旅客收直椅背、扣好小桌板、收起脚踏板。

④关闭厨房电源及娱乐系统,固定客舱和厨房设备,清理出口和通道。

⑤ 按照援助者的选择方式在本航班上寻找合适的援助者并调整旅客座位。
⑥ 广播介绍应急撤离出口位置、路线。
⑦ 要求旅客取下随身佩戴的锐利物品，确认旅客衣物放松，存放好行李。
⑧ 演示防冲撞姿势。
⑨ 救生衣演示，协助旅客穿好救生衣，并要求在旅客客舱内时先不要给救生衣充气。
⑩ 确认客舱旅客及民航乘务员自身准备工作完成后，报告乘务长。
⑪ 当乘务组准备工作完成后，由乘务长报告机长"乘务组和客舱准备工作完毕"。

（4）防止冲撞。

① 当飞机下降到1000英尺（300米），即飞机着陆前约1.5分钟时，驾驶舱会发出"准备冲撞"的口令，此时民航乘务员要提醒旅客"系好安全带，做好防冲撞姿势"。

② 当飞机下降到500英尺（150米）时，驾驶舱发出警示，民航乘务员必须坐在民航乘务员座椅上，系好安全带和肩带。

③ 当飞机下降到100英尺～50英尺（30米～15米）时，驾驶舱发出"冲撞开始"的口令，民航乘务员高声喊三遍"紧迫用力，Brace"，并做好防冲撞姿势直至飞机完全停稳。

④ 当飞机完全停稳后，民航乘务员提醒旅客"解开安全带，不要动，听从指挥"。

（5）当飞机着水停稳后，机长宣布"撤离"命令。如果广播系统失效，撤离警告鸣响或应急灯亮，民航乘务员应立即组织旅客撤离。

（6）开启舱门，撤离飞机。

① 确认飞机在水上完全停稳后解开安全带。
② 判断水面状况，确认机舱门在水面上、分离器在预位位置后打开所需要的机舱门和出口。
③ 救生船自动充气后检查充气状况，若充气不足或未完成，则拉动人工充气手柄。
④ 救生船充气完成后，指挥旅客撤离飞机（撤离顺序一般为L1门对应船和尾部门对应船最先撤离，R1门对应船最后撤离，其他各船上人满后即可撤离）。
⑤ 离开飞机或上船前给救生衣充气。
⑥ 旅客撤离完毕后，民航乘务员、乘务长检查客舱后报告机长，随之带好所需物品撤离飞机。
⑦ 机长做最后的清舱后撤离飞机。
⑧ 机上人员全部撤离后，释放救生船，并切断机体与救生船之间的连接绳。

（7）应急撤离后续工作。

① 水上撤离应选择风下侧，撤离后组织旅客在远离飞机至少100米的安全距离

以外,离开燃油区和燃烧区。

② 组织营救落水者和救治伤者。

③ 到达安全区域后,连接救生船并固定位置,清点旅客和机组成员人数,报告机长。

④ 使用求救设备发出求救信号。

⑤ 尽可能设置一名机组成员做警卫,以确保邮件、包裹或飞机各部分不受干扰。

(三) 有限时间准备的水、陆撤离程序

(1) 乘务长从驾驶舱获取应急撤离信息。

(2) 乘务长召集民航乘务员,第一时间把信息通知到位,乘务组开始相关准备工作。

(3) 乘务长广播通知旅客,要求旅客系好安全带,收直座椅靠背、扣好小桌板、收起脚踏板,介绍防冲撞姿势及应急撤离出口位置、路线。在水上迫降时,需指导旅客救生衣的正确穿法及充气方式、充气时间。

(4) 关闭娱乐系统,固定客舱、厨房设备,保障撤离出口及过道通畅。

(5) 将客舱准备情况及时报告机长,飞机着陆(水)前和停稳后的撤离程序与有准备时间水、陆撤离程序相同。

三、异常情况下的撤离程序

(一) 无准备的陆地撤离程序

(1) 民航乘务员需迅速做出判断,快速反应。

(2) 民航乘务员高喊"不要动!系好安全带""低头、弯腰""全身紧迫用力"等口令,直至飞机完全停稳。

(3) 呼叫驾驶舱机长,听从机长命令,协调应急撤离。

(4) 确认或打开应急灯。

(5) 开舱门前,观察门外情况,如无烟、无火、无障碍等。

(6) 开舱门后,观察滑梯充气状况。

(7) 用明确的口令指挥旅客撤离并远离飞机。

(8) 撤离后,执行有准备应急撤离的程序。

(二) 无准备的水上撤离程序

(1) 广播、演示并协助旅客穿好救生衣。

(2) 开门前,观察机舱门外情况,以确认舱门在水面上面。

(3) 开门后,观察救生船充气状况。

(4) 用明确的口令指挥旅客上船撤离并远离飞机。

(5) 撤离后,执行有准备应急撤离的程序。

(三) 异常情况下的撤离原则

通常情况下,撤离指令由机长发出后,机上人员才能开始撤离,但若发生下列异常情况，客舱乘务长也可以发出应急撤离的口令。
（1）机体出现严重的结构性损伤。
（2）发生威胁性起火或烟雾，火灾无法控制。
（3）燃油严重泄露。
（4）飞机进水。
（5）驾驶员失去指挥能力。
（6）乘务长按照联络信号报警，呼叫驾驶舱没有反应（30秒后得不到回答）。

第三节　应急撤离职责

一、B737/A320机型民航乘务员应急撤离职责

（一）民航乘务员级别及号位分工

1. 民航乘务员级别划分

民航乘务员按级别主要分为乘务长（Purser，PS）、头等舱民航乘务员（First-class Stewardess，FS）、民航乘务员（Stewardess，SS）。

2. B737/A320机型乘务组号位分工

（1）1号乘务长（PS1）。
（2）2号头等舱民航乘务员（FS2）。
（3）3号民航乘务员（SS3）。
（4）4号民航乘务员（SS4）。
（5）5号民航乘务员（SS5）。

（二）应急出口及职责

1. 乘务长职责及应急出口

乘务长负责应急撤离时的客舱广播及指挥。撤离时，负责区域为指挥第一排至翼上出口之间的旅客从左前登机门L1门及滑梯撤离。水上撤离时，负责将救生包挂在L1门上；陆地迫降时，由前舱往后检查客舱，从L2/R2门撤离；水上迫降时，由前舱往后检查客舱，返回R1门撤离；撤离时，携带旅客舱单、扬声器、手电筒、救生包，然后释放救生筏。B737/A320机型应急出口如图5-13所示。

2. 头等舱民航乘务员职责及应急出口

头等舱民航乘务员负责关闭娱乐系统，检查前厨房并锁闭前洗手间。撤离时，负责区域为指挥第一排至翼上出口之间的旅客从右前服务舱门R1门及滑梯撤离，陆地撤离时从R1门撤离，水上撤离时负责将救生包挂在R1门上并释放L1门救生筏，从L1门撤离。撤离时，携带急救箱、应急医疗箱、手电筒、救生包等。

3. 3号民航乘务员职责及应急出口

3号民航乘务员负责指挥翼上出口至最后一排的旅客从左后登机门L2门及滑

梯撤离,水上撤离时负责将救生包挂在 L2 门上,并释放 L2 门救生筏;应急撤离时携带应急发报机、手电筒、救生包等物品从 L2 门撤离。

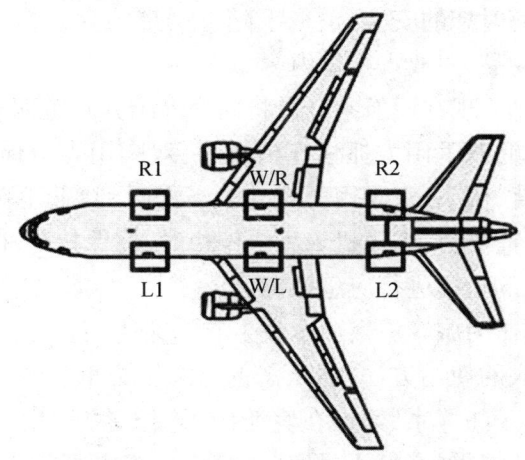

图 5-13　B737/A320 机型应急出口

4. 4 号民航乘务员职责及应急出口

4 号民航乘务员负责检查并锁闭后洗手间。应急撤离时,负责区域为指挥翼上出口至最后一排的旅客从右后服务舱门 R2 门及滑梯撤离;水上撤离时,将救生包挂在 R2 门上,待水上迫降后释放 R2 门的救生筏;应急撤离时,携带急救箱、手电筒、扬声器、救生包等物品从 R2 门撤离。

5. 5 号民航乘务员职责及应急出口

5 号民航乘务员在应急撤离时负责固定客舱浮动物品,检查并锁闭后洗手间;应急撤离的负责区域为指导客舱中部旅客从客舱的左翼上出口撤离,并协助其他民航乘务员检查翼上出口至最后一排的客舱旅客撤离情况。水上撤离时,可根据情况合理使用翼上出口,释放救生船,撤离时可携带急救箱、手电筒从 L2/R2 门撤离。

二、应急撤离时的指挥

(一) 乘务长代表机长广播及演示内容

女士们、先生们,请注意,现在是乘务长广播。机长已经决定采取陆地(水上)迫降,对于处理这种情况,我们全体机组成员均受过良好的专业训练,有信心、有能力保证大家的安全。接下来,请旅客们迅速回座位坐好,保持安静,听从民航乘务员的指挥。

(1) 请大家系好安全带、调直座椅靠背、收起小桌板,请把所有行李固定并放在行李架内。

(2) 在您前方座椅椅背的口袋里有安全须知卡,请仔细阅读,如有疑问请向邻座旅客询问。

(3) 如果您是航空公司雇员、消防人员、军人,请与民航乘务员联络,我们需要您的帮助。

(4) 现在民航乘务员将告诉您最近的应急出口位置,请确认至少两个以上的出口,撤离时不要携带任何物品,从最近的出口撤离。

(5) 为了保证撤离时您的安全,请取下随身携带的尖锐物品,如钢笔、手表和首饰,取下领带、围巾等物品,并放入行李内。

(6) 女士们、先生们,现在民航乘务员将向您介绍并示范两种防冲撞姿势。第一种:上身挺直,收紧下颚,双手用力抓住座椅扶手,双脚用力蹬地。第二种:双臂伸直交叉紧抓前排座椅靠背,俯头,双脚用力蹬地。当您听到"低下头,全身紧迫用力"的口令时,请您做好防冲撞姿势;当飞机未完全停稳时,请保持防冲撞姿势;当飞机停稳后,请按照民航乘务员的指挥进行应急撤离。

(7) 水上迫降时,需为旅客广播演示救生衣的穿法:女士们、先生们,现在民航乘务员将向您演示救生衣的使用方法,请从您的座椅下方取出救生衣,撕开包装,将救生衣经头部穿好,将带子扣好系紧,但在客舱内不要充气。当您离开飞机时,可拉下救生衣两侧的红色充气把手,充气不足时,可将救生衣上部的人工充气管拔出,用嘴向里充气,民航乘务员将协助任何有需要帮助的旅客穿上救生衣。

(8) 关闭客舱灯光:为了使您的眼睛能尽快适应外部光线,我们将调暗客舱灯光。

(9) 驾驶舱发出准备冲撞指令后,乘务长要广播提醒旅客"系好安全带,做好防冲撞姿势";驾驶舱发出冲撞开始指令时,乘务组高喊"全身用力,Brace"。

(二) 撤离指挥

(1) 确认飞机停稳后,民航乘务员解开民航乘务员座椅上的安全带和肩带,观察舱外情况后打开应急出口,通知旅客"解开安全带,不要带行李,撤离"。

(2) 应急出口打开,滑梯充气后,一边握住辅助把手,一边指挥旅客"到这边来,快点走"。

(3) 当客舱布满烟雾时,指挥旅客"俯身,捂住口鼻,跟着灯光走"。

(4) 当旅客通过应急出口撤离时,指挥旅客"一个跟着一个,跳,滑";若为水上撤离,此时应要求旅客"救生衣充气,一个跟着一个,跳"。

(5) 当应急出口被堵或舱外有火、烟、水等情况时,民航乘务员面向客舱,双臂交叉封住舱门指挥"此门不通,到对面去,到前面去,到后面去"。

项目实训

紧 急 迫 降

实训目的
学生能准确、迅速、高效地完成应急迫降过程中的各项准备工作。

实训准备
阅读学习指南、操作手册,在模拟客舱完成项目实训。

实训要求

学生能小组合作完成任务安排、分工、合作的全过程。

实训内容及步骤

准备时间充分的迫降程序如表 5-1 所示。

表 5-1 准备时间充分的迫降程序

序号	PS1 操作	乘务组操作	操作要点说明
		起飞前	
1*	广播	安全演示、安全检查	程序正确无遗漏
2	起飞前广播	回位等待起飞铃声	回位及时;系好安全带
		起飞后	
3	服务:第二次铃声响起飞机进入平飞		3、4 号模拟发报纸,注意专业形象
4	机长广播:请乘务长到驾驶舱		
5	从驾驶舱获取迫降信息并对客舱广播:民航乘务员请到前厨房集合		时间、地点、性质、方式、对表,信息不全时应主动询问
6*	乘务长广播:民航乘务员请到前厨房	前厨房集合	传达信息完整准确,PS1 应确认组员分工明确,对表。组员有任何疑问应及时提出
7*	接替机长广播:我是本次航班乘务长,刚接到机长通知,由于机械故障飞机将在 30 分钟后在 X 机场迫降,我和我的乘务组经受过专业训练,对迫降有充分的信心,下面乘务组将向您演示迫降的各种准备工作,请您配合	关闭厨房电器、娱乐设备;固定厨房设备、锁闭卫生间	前舱由 1、3 号完成,后舱由 2、4 号完成。完成后应立即进入客舱投入其他工作
		安检	
		调整旅客座位、挑选援助者	限制性旅客、志愿援助者、应急出口援助者座位调整一次到位;援助者分工及任务交代清晰明确,要求援助者复述任务(援助者四人:L1→1 号、L2→2 号、翼上 L 侧→3 号、翼上 R 侧→4 号)
8*	广播应急出口介绍:各位旅客请注意,现在民航乘务员向您介绍脱出区域。1 排~4 排旅客由前舱门脱离,5 排~8 排旅客由后舱门脱离,请观看民航乘务员的说明	乘务长广播完毕,民航乘务员划分脱出区域:3、4 号向客舱旅客演示划分区域	应急出口选择正确,动作、语言准确到位,并确认旅客完全听懂
9*	广播取下尖锐物品:参照应急情况广播词	逐排检查,大声提示旅客取下尖锐物品并安放在行李架内。1 号负责 1、2 排;3 号负责 3、4 排;4 号负责 5、6 排;2 号负责 7、8 排	对各种尖锐物品及时识别,果断发出命令,处置正确

续表

序号	PS1 操作	乘务组操作	操作要点说明
10*	广播介绍防冲撞姿势:参照应急情况广播词	演示防冲撞姿势	站位及时、准确;动作正确、整齐,与广播配合;口令整齐洪亮
11	乘务长广播之后,提示民航乘务员进入客舱检查旅客,并做单独指导	确认旅客是否学会防冲撞姿势,确认客舱内准备工作是否完成	逐排确认,对不明确或有特殊要求的旅客个别辅导;注意不可和个别旅客过多纠缠
12	通舱巡视,检查客舱准备情况	1、2号回服务间,固定、收藏物品; 3、4号清理过道和出口	做出动作,同时大声说出
		每位民航乘务员确认滑梯在预位状态	交叉检查,大声说出
		民航乘务员自身确认	取下尖锐物品,注意打湿头发,脱下高跟鞋及丝袜
13	回位,各号位报告准备情况		回位迅速及时,系好安全带、肩带,做好防冲撞姿势;各位置向乘务长报告"×号准备完毕";乘务长向驾驶舱报告"客舱准备完毕"
	机长提示:500英尺/准备冲撞		
14	发出口令:系好安全带,全身紧迫用力		整齐、洪亮;注意安全姿势
	机长提示:100英尺~50英尺/冲撞开始		
15	发出口令:全身紧迫用力,低头弯腰		整齐、洪亮;注意安全姿势
	发出撤离信号(机长口令或应急灯亮)		
16	解开安全带		安全带不得挂在座椅外,声音洪亮,动作正确有力
17	观察机外情况		必须做出观察动作
18	开门		快速有力,动作正确;舱门卡阻时反应迅速,指挥正确
19	拉人工充气手柄		动作正确、到位
20	封门		动作正确,必须持续5秒,至应急滑梯完全展开
21	3号从L1门先下飞机召集旅客;2号从L2门先下飞机召集旅客		口令及动作准确有力
22	指挥旅客撤离		口令及动作
	旅客撤离完毕		
23	确认驾驶舱安全情况	4号清舱向乘务长汇报从前门下机;1号向机长汇报从L2门下机	清舱应逐排弯腰巡视;中英文呼唤;撤离人员携带物品,应急出口正确

注:标有*号的项为乘务长需要广播内容

资料链接

导致迫降的意外情况有飞机的机械、液压或电气设备失灵（如起落架无法展开）、火灾，在空中与别的飞机或物体相撞，机上人员伤、病或有生命危险，飞机迷航或燃料用尽，天气条件突然变坏，劫机或非法越境，不服从空中交通管制等。

在发生这些意外情况时，飞行员应利用机上设备进行检测或判断，确定问题的严重程度，及时采取适当措施使潜在危险减至最小。发生火灾时，应立即按规定采取灭火措施。在多发动机飞机上，若一台发动机停车时，则应适当地调节其余的发动机，以及轻踩脚蹬校正副翼抵消不平衡的推力以保持正常的飞行状态。在单发动机飞机上若发动机停车且空中起动无效，就只能滑翔到适当的地方着陆。

迫降一般分为陆地迫降和水上迫降。陆地迫降指着陆场地在陆地，水上迫降指着陆在海洋、湖泊等水面上。水上迫降要求尽可能地靠近陆地，水上迫降危险性高于陆地迫降。在机场内着陆时，若起落架不能自动放下则用手控放下，如手动无效，则用机腹擦地着陆。

自我检测

（1）应急处置的基本原则是什么？
（2）应急情况下如何处理锐利和松散物品？
（3）在应急情况下民航乘务员的自身确认内容及指挥口令是什么？
（4）有准备的陆地撤离程序是什么？
（5）有限时间的应急撤离重点是什么？
（6）不同类型旅客的防冲撞姿势及重点是什么？

第六章 特情处置与求生技能

知识目标

(1) 了解客舱释压的危险性。
(2) 了解机舱缺氧的症状。
(3) 了解火灾的种类。
(4) 了解最低风险爆炸区。

能力目标

(1) 掌握释压的处置程序。
(2) 掌握机上火灾处置程序。
(3) 掌握飞机上有炸弹客舱处置程序。
(4) 掌握求生技能。

案例导入

太阳神航空 522 号班机空难

2005年8月14日9点07分,太阳神航空522号航班从塞浦路斯拉纳卡国际机场起飞。机上载有115名旅客和6名机组人员。飞机起飞不久,机长报告空调系统出现问题,10时30分与地面失去联系。12时04分,飞机的两具引擎陆续因燃料耗尽而停止运转,最后坠毁。

据事后调查,出事的机号5B-DBY飞机曾在事故发生前因为空调系统故障而进行维修过,飞机维修工程师做完机舱加压测试后,忘记把加压掣从"手动模式"变回"自动模式",而飞行员没有察觉。当飞机以自动驾驶模式爬升到10000英尺左右的高度时,仪表板显示机内有系统过热状况,当飞机爬升高度超过15000英尺后,因机上的加压系统仍处于手动模式而未能自动为机舱加压,出现空气稀薄氧气不足的情况。正常情况下,若飞机高空释压,便应该降低高度至含氧量高的空域,但由于机长及副机长并不知道机舱释压,一直以为是机上空调失灵而没有戴上面罩,因此很快便因缺氧而处于昏迷状态,导致飞机无人驾驶并以自动驾驶模式继续爬升。而在客舱内，在机舱缺氧的情况下，客舱顶部的氧气罩在高度超过 14000 英尺时自动降下。因此，乘客都戴上了氧气罩。可是氧气罩内的氧气只可支持约 12~15 分钟，当氧气面罩内氧气用完后，大部分人因缺氧而失去意识最终陷入昏睡状态。

最终，飞机因燃料耗尽坠毁，成为希腊史上最严重的空难。

第一节 客舱释压

大中型飞机除起飞和降落外，多在平流层中飞行。飞行高度的升高随即带来了客舱压力降低等一系列后果。当飞机飞到 7000 米的高度时，人体会明显感到不适。故此，为了保证旅客的安全和乘坐时的舒适度，飞机必须进行客舱增压。通常在飞机的最大飞行高度下，客舱内的压力水平必须保持与 2400 米高度时大气压力相同。含氧量与气压对比图如图 6-1 所示。

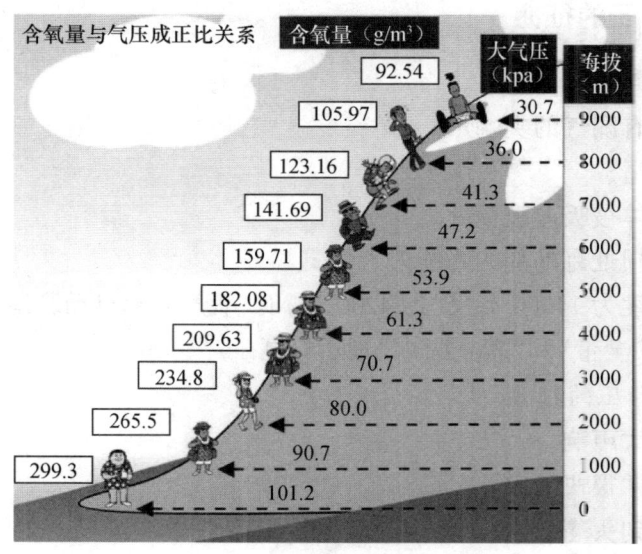

图 6-1 含氧量与气压对比图

一、客舱释压的定义

随着飞机高度的上升，飞机的增压系统会缓慢地给飞机增压，使飞机上的旅客不至于因为高空低压缺氧而产生不舒服的感觉。当飞行高度超过 3000 米时，发生机体破损或增压系统故障，会使机舱里的氧气外泄和压力减小，使旅客在瞬间身体膨胀，因缺氧窒息而逐渐失去意识。如果没有足够的氧气供应，会导致旅客及机组人员因缺氧死亡。

二、客舱释压的分类

客舱释压分为三类，其标准是按照压力损失的速度来进行划分的，具体如下：

（一）慢泄露

客舱有较小失密处，最明显的特征就是在失密处有尖响声。

（二）缓慢释压

由于增压系统失灵或飞机结构上的压力泄露造成逐渐失去客舱压力，称为缓慢释压。

（三）快速释压

由于增压系统失灵或机体受到严重损坏，如机身爆炸或断裂，造成飞机迅速失去客舱压力，称为快速释压。快速释压也可称为爆炸性释压。

在正常情况下，飞机中的机舱压力是可控的。当系统出现重大故障或因某种原因使飞机在飞行中受到结构性破坏，就可能造成快速释压。这种情况非常危险，因为如果机舱压力变化的速度超过肺部压力减小的速度，就可能造成肺部损伤。通常在没有口罩等物品阻挡的情况下，空气从肺部释放所需要的时间是0.2秒。大多数管理机构认为，如果释压发生的时间小于0.5秒，就属于快速释压。

三、客舱释压的征兆

（一）缓慢释压的征兆

（1）失密处有漏气的尖响声。

（2）耳部不适。

（3）轻细物体被吸向破损处。

（4）失密破损处有外部的光线射入。

（5）座舱高度为14000英尺（约4200米）时，氧气面罩自动脱落。

（6）"系好安全带"和"禁止吸烟"指示灯亮。

（二）快速释压的征兆

（1）出现巨大声响。

（2）出现雾并很快消散。

（3）人会感到头痛、耳膜压痛、呼吸困难，温度下降。

（4）可能产生灰尘。

（5）物体或人飞向破损处。

（6）座舱高度为14000英尺（约4200米）时，氧气面罩自动脱落。

（7）"系好安全带"和"禁止吸烟"指示灯亮。

民航乘务员必须了解，客舱释压时，并不是所有的警告信号都会同时出现，其中的一个警告信号出现，如氧气面罩脱落，就可以判断为客舱释压。

四、缺氧症状

如果得不到足够的氧气，人的身体组织就会出现缺氧症状。缺氧的危险在于其症状不明显，若不及时补充氧气，将会丧失知觉甚至迅速死亡。为了预防缺氧，民航乘务员必须对自身和旅客身上出现的症状保持警惕。

缺氧症状包括初始阶段、障碍阶段、危急阶段。缺氧症状的发生没有固定的顺序，而且其中某些症状不一定会出现。

（一）初始缺氧阶段症状

打哈欠、呼吸障碍、脉搏加快。

（二）障碍缺氧阶段症状

头痛、瞌睡、呼吸困难、平衡与协调机能失调。

（三）危急缺氧阶段症状

丧失知觉和死亡。

在客舱释压情况下，由于缺氧和压力的改变，机上人员可能会感到头痛、耳朵压痛、呼吸困难、指甲和嘴唇发紫，直至丧失意识和死亡。如果不启动紧急供氧系统，将无法给机上人员提供足够的氧气。当发生客舱释压时，机组成员应以最快的途径，如广播或大声喊话通知并指导旅客紧急用氧。

五、客舱释压的处置程序

有效知觉时间（Time of Useful Consciousness，TUC）是指人在缺氧环境下能够有效实施有意识活动的时间。这个时间从发生氧气供应问题或者面临缺氧环境开始，到有效功能丧失为止，当事人不再能采取纠正和保护措施。它不是人完全无意识的时间，不同的人的 TUC 是大不相同的，而且同一个人每次的 TUC 也不相同。在高空，TUC 会非常短，快速释压会将一般情况下的 TUC 缩短 50%，这是在释压环境下，肺部被迫呼出空气以及高度急剧下降引起的。因此，高空缺氧的危险是显而易见的，重点在于预防而非治疗。

民航乘务员在工作状态下，需要消耗体力，因而意识到客舱释压并做出反应的时间可能更短。例如：如果释压发生在 10668 米的巡航高度，普通人需要 60 秒或更长的时间才会出现严重的缺氧症状，在此之前他们能做出反应或采取保护措施，而工作中的民航乘务员反应时间更短。

缺氧高度和症状对照如表 6-1 所示。

表 6-1　缺氧高度和症状对照表

缺氧高度	症　　状
10000 英尺（约 3000 米）	头痛、非常疲劳
14000 英尺（约 4200 米）	发困、头痛、视力减弱、指甲发紫、肌肉相互不协调、晕厥
18000 英尺（约 5500 米）	记忆力减退，重复同一动作
20000 英尺（约 6000 米）	惊厥、虚脱、昏迷、休克、有效知觉时间 5~10 分钟
25000 英尺（约 7600 米）	昏迷和虚脱，有效知觉时间 3~5 分钟
30000 英尺（约 9000 米）	有效知觉时间 1~2 分钟
35000 英尺（约 10000 米）	有效知觉时间 30 秒
40000 英尺（约 12000 米）	有效知觉时间 15 秒

（一）客舱释压时民航乘务员的处置

（1）停止服务工作。

（2）戴上氧气面罩。

（3）迅速蹲下或坐下，把自己固定。

（4）命令旅客"拉下面罩，系好安全带！""Down oxygen mask! Fasten seat belt!"

（5）观察周围情况，帮助和指导旅客用氧。

① 指示带小孩的旅客应先戴上自己的面罩，再协助小孩戴面罩。

② 指示旅客摘下眼镜。

（二）飞机到达安全高度后民航乘务员的处置

（1）携带手提式氧气瓶在客舱巡视。

（2）检查客舱和洗手间有无需要继续用氧的旅客。

（3）检查客舱破损情况。

（4）检查客舱有无烟火，必要时实施灭火程序。

（5）调整旅客座位。

（6）护理受伤旅客。

（7）不要把氧气面罩收回原位，可将其相对固定。

（8）向机长报告。

（9）必要时准备紧急迫降。

资料链接

737飞机旅客供氧系统（PAX Oxygen System）

（一）供氧方式：化学氧气发生器供氧

客舱内分布情况：旅客氧气面罩位于每排旅客座椅上方氧气面罩存放箱内，以及洗手间马桶上方和民航乘务员座椅上方。客舱内分布为左4右4，每个民航乘务员座椅上方有1个，洗手间马桶上方有2个。

（二）开启方式

自动方式：当客舱失压后，氧气面罩存放箱的门自动打开，氧气面罩自动脱落。

电动方式：当自动方式失效或在任何高度，由机组操作打开驾驶舱内的旅客供氧电门，氧气面罩存放箱的门也能打开，氧气面罩就能脱落下来。

人工方式：当自动和电动方式都无法打开氧气面罩存放箱时，可由人工方式使用尖细物品，如用笔尖、别针、发夹等打开氧气面罩存放箱的门，使氧气面罩脱落。

使用方法：当氧气面罩脱落后，用力拉下面罩，将面罩罩在口鼻处就可以正常呼吸。

（三）注意事项

（1）化学氧气发生器只有拉动面罩后才开始工作。

（2）氧气面罩不能作为防烟面罩使用。

(3) 拉动一个面罩可使该氧气存放箱内所有的面罩都有氧气流出。
(4) 化学氧气发生器工作时,不要用手触摸,以免烫伤。
(5) 氧气流动时间约为12分钟,不能关闭。
(6) 禁止吸烟。
(7) 每排旅客人数不得多于该排氧气面罩的数量。
(8) 用完后填写客舱记录本。

氧气瓶(Portable Oxygen Bottle)

(一) 理论供氧时间

311立升的氧气瓶:高流量4立升/分使用77分钟,低流量2立升/分使用154分钟。

120立升的氧气瓶:高流量4立升/分使用30分钟,低流量2立升/分使用60分钟。

飞行前检查:在指定位置;氧气面罩密封,系在氧气瓶上;供氧开关平时在关闭位。

(二) 使用方法

(1) 取下氧气瓶;
(2) 打开其中一个防尘帽(根据实际需要),插上氧气面罩。
(3) 转动开关阀门,逆时针方向拧到底。
(4) 检查氧气袋是否开始供氧:用手或脸靠近氧气面罩,感觉有气体流出;有流量指示器的氧气面罩还可通过观察流量指示器,确认供氧。
(5) 将氧气面罩罩在口鼻处。

(三) 注意事项

(1) 使用时4米以内禁止吸烟。
(2) 剩余压力为50磅/平方英寸时应停止使用,以便再次充氧使用。
(3) 肺气肿患者使用低流量。
(4) 不要摔或撞氧气瓶。
(5) 避免氧气与油或脂肪接触,擦掉浓重的口红或润肤油。
(6) 用氧时周围4米内不能有火源。

第二节 机上灭火和排烟

案例导入

大连"5·7"空难

2002年5月7日21时32分,大连周水子机场的塔台人员接到北方航空公司由北京飞往大连的CJ6136麦道客机飞行员的报告,称机舱失火。此后飞机便与机场失去联系。5分钟后,辽大甘渔0998号渔船通过12395电话向大连海上搜救中心报告,称傅家庄上空有一民航客机失火。大连海上搜救中心立即向旅顺海军基地、武警大连边防支队和港务局船队发出紧急救援通知。21时40分左右,飞机机身坠落在北纬38度57.063分,东经121度39.941分处,飞机尾翼坠落在北纬38度57.129分,东经121度40.175分处。经核实,机上有旅客103人、机组人员9人,全部罹难。这一空难事故被称为大连"5·7"空难。

空难调查结论中,认定"5·7"空难是一起由乘客张丕林纵火造成的破坏事件。"5·7"空难发生后,民航总局于2003年2月5日下发了加强对旅客携带液态物品乘机的新规定。在新规定中,凡是随身行李中携带饮料、矿泉水等液体的旅客,都须自饮后,方能通过安检登机。如不能饮用的,安检员将进行仔细检查,直到确认安全方可通过。该规定执行后,才弥补了"5·7"空难暴露出的安全隐患。

飞机上发生火灾是非常严重的紧急情况。应对火灾风险的最好方式,便是防止起火。民航乘务员必须识别潜在的火灾隐患,并在火灾发生前采取措施降低风险。

一、机上防火的要求

(1)起飞前必须完成对(化学、水)灭火器、防烟眼镜、防烟面罩(PBE)、救生斧、石棉手套等灭火设备的检查,确保这些设备存放位置正确,符合使用要求。

(2)起飞前必须完成对洗手间内的烟雾探测器、自动灭火装置、垃圾箱和盖板的检查,保证符合使用要求。在飞行中每30分钟必须对洗手间内的防火装置进行正常检查。如果垃圾箱中废纸过多,应将部分废纸转移到其他的垃圾箱里。

(3)航行中应密切注意客舱情况,及时回应旅客的呼叫,值班民航乘务员不得离开岗位,至少每15分钟巡视一次客舱。

(4)检查厨房里的断电装置,熟悉其控制的范围和操作方法。

(5)正确存储可能引起火灾的物品,如火柴、打火机等,不可将这些物品放置于无人监管的地方。民航乘务员发现旅客携带易燃、易爆物品,如酒精、汽油、烟火等,应妥善监管并立即向机长报告。

(6)在使用烤箱前,应检查烤箱内的物品,在烤箱工作时不会引起火灾或其他危险情况。

(7)严格执行禁止吸烟的管理规定,按要求广播告知旅客。

(8)当民航乘务员发现旅客在机上吸烟,应立即制止并将烟熄灭,检查旅客吸烟的区域,确保没有火灾隐患,同时报告乘务长和机长。对吸烟旅客的处罚,由地面公安部门办理。

二、火源的分类

火源的类别划分如表6-2所示。

表 6-2 火源的类别划分

类　　别	材　　料
A	纸、木、布料
B	气体、油类
C	电器类
D	金属类

三、灭火程序与火灾情况

（一）灭火的一般程序

（1）第一位发现火情的民航乘务员,应迅速判断火情,就近取防烟面罩和使用灭火器进行灭火。如无法判断火的类型,则优先使用海伦灭火器。

（2）立即将火情通知最近的另一位民航乘务员,由他向机长报告火情。

（3）就近的第三位民航乘务员取适当的灭火用具回到火区支援第一位民航乘务员,并始终与驾驶舱保持联络,向驾驶舱反馈以下信息：

① 起火的位置:在机舱内的确切位置。

② 火的源头:是什么材料导致了火灾。

③ 火灾的程度:火情是否严重,采取了什么救火措施。

④ 火情是否被控制,乘客如何反应。

（4）移开火区的易燃、易爆物品。

（5）切断受影响区域的电源。

（6）如有浓烟,要求旅客低头,俯身,分发湿毛巾或利用网状物品捂住口、鼻。

（7）进行排烟程序时,调整旅客座位远离受影响区域。

即使火已灭掉,也应有人看守失火点,保证其无复燃的可能直至飞机落地前才能回到座位。

（二）飞机在地面发生火灾

（1）飞机发生外部火情时:根据机长指令组织处置。

（2）飞机发生内部火情时:按以下程序处置。

① 飞机在滑行时,民航乘务员发现客舱起火,应迅速判断火情,使用防烟面罩和海伦灭火器进行灭火。

② 报告机长和通知其他民航乘务员。

③ 调整旅客座位和维持客舱秩序。

④ 当机长发出撤离指令时,民航乘务员在飞机完全停稳的情况下发布"紧急情况,解开安全带,脱掉高跟鞋,不要带行李,撤离"的指令,指挥旅客撤离。

注意：如果火情发生在货舱、设备舱或民航乘务员无法处置的燃烧位置，应报告机长，确认飞机完全停稳后，组织旅客撤离。

（三）飞机在初始起飞阶段发现火情

（1）发现客舱火情的民航乘务员，应迅速报告机长。

（2）不要站起来灭火。

（3）大声命令旅客"低头，俯身""Head down, Bend over"。

（4）当机长发出"紧急撤离，撤离"的指令时，指挥旅客紧急撤离。

（5）当机长发出"民航乘务员和旅客留在座位上"不需要撤离指令时，民航乘务员大声命令旅客"坐在座位上，不要动"，并到客舱安抚旅客。

（四）厨房区域失火的处置

厨房里的电气装置都装有跳开关，如果电路过热就会跳闸。如果一个跳开关跳闸了，在没有检查通电设备是否正常的情况下又被复位，过热的电路便会持续发热使周围区域温度升高，最终会引发火灾。所以民航乘务员不能将纸张和其他易燃材料放在电气设备旁，并要确保易燃液体和压缩气体，如装有空气清新剂、杀虫剂或者除臭剂的喷雾罐，没有被放置在烤箱上和烤箱旁边的储物柜中。

（1）使用防火面罩（PBE）。

（2）判断火情，使用海伦灭火器进行灭火，并报告机长。

（3）关闭该区域的电源。

（4）移走火区的易燃物品。

（5）不同位置的处置方法如下。

① 烤箱失火：切断烤箱电源，向烤箱内释放海伦灭火剂，关上烤箱门。

② 垃圾箱失火：向垃圾箱内释放海伦灭火剂，或倒入饮料、茶水和咖啡，关上垃圾箱门。

③ 餐车和储物柜失火：切断厨房电源，向餐车和储物柜释放海伦灭火剂，并把门关上。

④ 控制面板失火：报告机长并迅速切断厨房电源，释放海伦灭火剂灭火。

⑤ 烧水杯失火：切断电源，拔下水杯，如有需要，则释放海伦灭火剂进行灭火。

（五）洗手间、衣帽间、有门储物柜失火的处置

1. 洗手间失火的处置

（1）通知机长和其他民航乘务员。

（2）取就近的海伦灭火器，戴上防烟面罩执行灭火程序。

（3）用手背感触门的温度。

① 如感觉洗手间门是冷的。蹲下，小心将门打开一个小缝，观察是否能够进入洗手间，确认火源位置，使用海伦灭火器灭火，确认火源完全熄灭。

② 如感觉洗手间门是热的。在门旁蹲下，小心将门开个小缝（可插入灭火器喷嘴即可），向洗手间里面释放海伦灭火剂，将门关好，准备另一个海伦灭火器，稍后再

用手去感触门的温度,如果门还是热的,重复以上做法。

2. 衣帽间和储物柜的失火处置

与洗手间失火处置程序基本相同。如果感觉门是冷的,应将衣帽间和储物柜里未燃烧的衣物和物品移走,切不可移动已燃着的衣物和物品。

(六)客舱壁板内失火的处置

(1)判断火情,戴上防烟面罩,使用海伦灭火器进行灭火。

(2)报告机长,关闭该区域的电源。

(3)将附近旅客调整到安全区域。

(4)取出救生斧。

(5)用手感触客舱壁最热的区域。

(6)用救生斧在最热的区域凿一个小孔(可插入海伦灭火器喷嘴即可),释放海伦灭火剂。

(7)准备好另一个海伦灭火器,10分钟后,再用手感触客舱壁板,如果还是热的,重复以上做法。

(七)客舱座椅失火的处置

(1)第一个发现失火的民航乘务员取就近的海伦灭火器实施灭火。如果离灭火器较远,不能快速取用灭火器,应就近寻找灭火设备替代物(如饮料、毛毯、衣物等)控制火情蔓延,以争取时间。

(2)呼喊"低头,弯腰""Head down,Bend over",寻求机组人员的支援,通知机长。

(3)根据火的大小调整旅客座位,至少离开火区四排座位以上,但不能安排旅客滞留在通道或民航乘务员工作区,以免干扰灭火。

(4)至少有一个机组人员戴好防烟面罩,将客舱内其他可用灭火器带到火场支援。

(5)灭火后做降温处理,防止复燃。

(6)充分检查失火区域的损毁情况,确认未影响其他区域。

(7)将处理结果汇总,报告机长。

(8)填写《特殊情况报告单》《客舱设备记录本》。

(9)落地后与机务交接。

(八)便携式电子装置火情的处置

1. 锂含量限制

(1)个人自用内含锂金属或锂离子电池芯或电池的便携式电子装置应作为手提行李携带登机,并且锂金属电池的锂含量不得超过2克,锂离子电池的额定能量不得超过100Wh。

(2)100Wh~160Wh:经航空公司批准后可以装在手提行李中的设备上。

(3)超过160Wh:禁止携带。

2. 备用电池限制

（1）不超过2克/100Wh：以旅客和机组成员在行程中使用设备所需的合理数量为判断标准。

（2）100Wh~160Wh：经航空公司批准后，每人携带数量不超过2块，且不能托运。

（3）超过160Wh：禁止携带。

3. 防短路保护

（1）便携式电子装置的备用电池必须单个做好保护以防短路并且仅能在手提行李中携带。

（2）具体措施：放入原零售包装或以其他方式将电极绝缘，如在暴露的电极上贴胶带，或将每个电池放入单独的塑料袋或保护盒当中。

4. 便携式电子装置的火情处置措施

（1）使用标准程序灭火：使用海伦灭火器。

① 必须使用标准应急程序处理火情。

② 海伦灭火剂对于处理锂金属电池火情是无效的，但对锂金属电池周围材料的继发火情或对锂离子电池火情则有效。

（2）拔掉装置的外部电源。

① 电池在充电周期内或充电周期刚刚结束时，较易通过热逸散而起火，虽然热逸散效应可能会延迟一段时间。

② 拔掉装置的外部电源，就可确保不会向电池输送额外的能量而助长火情。

（3）重新安置乘客，远离电子装置。

（4）在装置上洒水或其他不可燃液体，以使电池芯冷却并防止相邻电池芯起火。

① 使用水灭火器，使起火的电池内的电池芯冷却，防止热量扩散到相邻电池芯。

② 如果没有水灭火器，可使用不可燃液体来冷却电池芯和装置。

③ 不要使用冰或其他物品覆盖在电脑上，这样做会造成热绝缘，阻止电脑向外散热，容易造成电池中更多的电池芯热失控。

（5）不要移动装置。

如果移动装置，该装置可能会再次起火伤人。

（6）如果装置原来是接通电源的，则拔掉剩余的电源插座的电源，直至确定航空器系统无故障。

四、机上排烟

飞机发生火灾，舱内可能会充斥大量的烟雾，在充满烟雾的机舱里，灭火的民航乘务员可使用便携式呼吸设备提供保护，但乘客却没有。民航乘务员应指导乘客低头弯腰，并给乘客分发湿毛巾作为临时的呼吸过滤器，必要时将烟雾浓密区域的乘客调换到其他区域。

为了清除舱内烟雾,飞行员会用增压系统将烟雾排放到机舱外,通过引擎泵向客舱输送新鲜空气。在这个过程中,机舱可能发出异常的"嘶嘶"声。

在发生火灾或者起烟事故后,飞机极有可能需要紧急迫降,是否需要依照要求来进行紧急撤离,机长会视情况决定。在灭火的同时,民航乘务员需要为紧急迫降或撤离做准备。

第三节　安全威胁

案例导入

2012年6月29日,由新疆和田机场飞往乌鲁木齐的GS7554航班于12点25分起飞,12点35分飞机上有6名歹徒暴力劫持飞机,歹徒全部为男性,以伪装的拐杖为武器,试图用暴力的方式砸开驾驶舱门,企图实施劫机,被机组人员和旅客共同制服,飞机返回和田机场并安全着陆。

据了解,此次劫机事件发生时,客机上共有旅客92人,机组人员9人。在制服歹徒的过程中,有8名机组人员和旅客受了轻伤,分别为两名安全员、两名民航乘务员、4名旅客。

各航空公司及全体工作人员应依照相关规定,严格按程序办事,以防止运行过程中发生非法干扰行为,保证旅客的安全,使飞机能高效正常地运行。在安全保卫过程中,首先要考虑人员生命、航空器及其他财产的安全。

一、安全措施

(1)在旅客登机前,机组成员应对客舱和驾驶舱各部位进行检查,排除外来物和无关人员。

(2)在飞行中,驾驶舱门应从内锁好,机组成员出入驾驶舱时,需用内话告知民航乘务员,经观察无异常时方准出入。

(3)在中途站,民航乘务员应检查客舱以确定到站旅客已带走其全部行李、物品。若短暂停留,机组应留人在机上监管,防止未经许可的人员登机;如果停留较长时间(1.5小时以上),又无人在机上、周围或附近工作,需关闭所有舱门并加封条,并撤走廊桥或客梯。

二、最低风险爆炸区

最低风险爆炸区,是指在飞机上,如果爆炸物在该区域爆炸,对飞机的破坏最小的特定区域。各机型最低风险爆炸区(LRBL)如表6-3所示。

表 6-3　各机型最低风险爆炸区

机　型	位　置
B733	右后舱门(2R)的中部
B757	右后舱门(4R)的中部
B777/B787	右后舱门(4R)的中部
A319/A320	右后舱门(2R)的中部
A321	右后舱门(4R)的中部
A330	右后舱门(4R)的中部
A380	右后主舱门(M4R)的中部
E190	在飞机尾部,距左侧倒数第二个窗口中央最近的地方
EMB145	第3排行李架

注意:最低风险爆炸区只能提供最低限度的爆炸防护,因此,必须尽量让旅客远离该区,并且在爆炸物周围覆盖尽可能多的缓冲物。在座椅靠背水平面以上,只能堆放软性缓冲物。

三、飞机停留地面时受到蓄意破坏行为的威胁

机长、运行控制中心、机场和安全机构将讨论蓄意破坏行为的威胁,并决定应该采取什么措施。一旦确定威胁是真实存在的,则应按以下程序处理。

(一) 飞行机组程序

(1) 与民航乘务员联络。

(2) 根据指令,把飞机停在指定的隔离区域。

(3) 协助乘务组开展撤离旅客和飞机搜寻工作。

(二) 乘务组程序

(1) 尽快与机长联络。

(2) 让旅客撤离飞机并转移至安全区域。不要允许旅客由于拿取手提行李而延误撤离飞机,但鼓励旅客带走个人小件物品(如钱包和公文包)。

(3) 按照《爆炸物搜查检查单》的程序和内容,协助炸弹搜寻人员进行搜查。

(4) 协助炸弹搜寻人员把飞机上的所有行李和货物(含所有未带走的手提行李)转移到搜索区域。

(5) 协助炸弹处理小组在飞机上搜寻可疑的物品。如发现可疑物品,通知炸弹处理小组处理。

(6) 在可疑物品被清除之后,为了确保飞机上没有其他可疑物品,要继续搜寻飞机。

(7) 在搜寻完成之后,做好飞机的安全防备。

(8) 让每位旅客认领其个人行李,并协助地面工作人员核实所有的货物。

说明:当飞机停留在地面时,处理涉及安全的程序可能会由于地方政府的指令和

当时的具体情况而有所不同。

四、在飞行中飞机受到蓄意破坏行为的威胁

在接到运行控制中心的通知有可能存在蓄意破坏的威胁之后,应该按以下程序处理。

(一)飞行机组程序

(1)在运行控制中心的协助下,机长应确定是否需要紧急迫降。

(2)在特别紧急的情况下,机长可以决定让所有旅客把自己的手提行李抱在膝盖上,在飞机内搜寻可疑物品。

(3)机长做恰当的机上广播。

(4)机长听取民航防爆专家的意见。

(5)驾驶舱断开提供最低风险爆炸区域的电源。

(6)尽快使飞机着陆。

(二)乘务组程序

(1)要求一名民航乘务员和/或一名由机长指定的飞行员在飞机内巡视,搜寻有无可疑物品(既不属于飞机上的物件且又不是旅客的私人物品)。

(2)按照《爆炸物搜查检查单》程序和内容搜查客舱。

(3)如找到可疑物品,立即报告机长,按飞机上有炸弹的客舱处置程序进行处理。

(4)检查可疑物品外部有无防移动装置,把一根绳子或薄片轻轻地置于可疑物品下部。

(5)不要试图去拆除可疑物品。

(6)如果没有发现防移动装置,把可疑物品转移至最低风险爆炸区域。

(7)把旅客转移,至距离可疑物品越远越好,至少4排座位远的位置。

(8)切断最低风险爆炸区域的电源,拔出跳开关。

(9)准备最低风险爆炸区域。

(10)着陆后,立即紧急撤离旅客。

五、在飞行中飞机上有炸弹客舱处置程序

(一)处置条件

满足以下一个或几个条件,以及在20分钟内不能使飞机着陆并撤离旅客时,执行此程序。

(1)飞机上发现爆炸装置。

(2)怀疑飞机上有爆炸装置。

(3)被告知飞机上有爆炸装置。

(二)处置程序

由乘务长和安全员组织乘务组进行处置,保持与驾驶舱联系。

1. 发现炸弹

固定好炸弹防止滑动,避免震动。以发现时的姿态固定好,在检查有无防移动点火装置之前不要移动,不要切断或剪掉任何导线!

乘务长广播寻找 EOD 专家。

广播词:

女士们,先生们:如果你是 EOD 专家,请马上与我们联系。谢谢!Ladies and Gentlemen: If you are EOD personnel, please contact us! Thanks!(EOD: Explosive Ordnance Disposal)

引导旅客离开炸弹,旅客转移前报告机长。要求所有旅客坐到距离可疑物至少 4 排座位远的位置,系好安全带,收起小桌板,调直座椅靠背。如果座位已满,应坐在客舱前部安全区域的地板上。靠近可疑物的旅客应用柔软物护住头部,低下头,俯下身。

确保最低风险爆炸区附近的所有非必要的电源都已关闭;解除滑梯预位,避免损坏滑梯连接处地板结构和地板下面的有关系统;检查炸弹有无防移动装置。要检查是否有防移动电门或手柄,用一根绳子或硬卡片(如紧急信息卡)插到炸弹下面,不要碰到炸弹。如果绳子或卡片不能插到炸弹下面,说明炸弹有防移动电门或手柄。如果使用的是卡片且能插到炸弹下面,则把卡片留在炸弹下面并随炸弹一起移动。如果探测出防移动装置,也可以把炸弹连同其所处表面一起移动,如隔板或坐垫。

2. 如果无法移动炸弹

如果无法移动炸弹到最低风险爆炸区,用塑料薄膜(如垃圾袋)包住炸弹,再用湿材料和其他减弱冲击波的材料,如坐垫、毛毯或柔软的手提行李覆盖,避免弄湿炸弹使电动定时器短路,让乘客尽量远离炸弹。

3. 如炸弹可以移动到最低风险爆炸区

通知旅客移动前报告机长。要求所有旅客坐到距离可疑物至少 4 排座位远的位置,系好安全带,收起小桌板,调直座椅靠背。如果座位已满,应坐在客舱前部安全区域的地板上。靠近可疑物的旅客应用柔软物护住头部,低下头,俯下身。

解除滑梯预位,避免损坏滑梯连接处地板结构和地板下面的有关系统。

最低风险爆炸区(LRBL)准备——在舱门中部以下使用行李堆起一个平台,低于舱门中部约 25CM(10 英寸)。在平台上面再放上至少 25CM(10 英寸)高的打湿物品,如毯子、坐垫和枕头。将炸弹以其原有的姿态移到打湿物品上面并尽可能靠近舱门,用塑料薄膜(如垃圾袋)包住炸弹,避免弄湿炸弹使电动定时器短路。在炸弹周围和上面放置最小 25CM(10 英寸)高的打湿物品。在炸弹与舱门之间不要放置任何东西并使炸弹周围的空间减到最小。在炸弹周围建立起保护层,这样爆炸力就可以被引到唯一的未受保护区域,在炸弹周围的地方填充座椅垫和其他柔软物品,如手提行李,直到客舱顶部。在炸弹周围堆放的物品越多,炸弹爆炸造成的损坏就越小。

4. 飞机在地面停稳后

避免使用最低风险爆炸区一侧和靠近炸弹的出口,利用其他可用出口和所有可用的机场设施组织旅客迅速撤离飞机。

第四节 求生技能

飞机失事后,民航乘务员必须具备野外生存的能力,才能带领旅客在荒野丛林或孤岛上生存,等待救援。

一、基本原则

(1) 留在飞机附近的安全区域。
(2) 为受伤的旅客提供必要的急救。
(3) 把旅客组织起来集中管理。
(4) 建立临时掩体,不到万不得已,不要回到飞机上。
(5) 使用所有可利用的应急设备,如救生包里的物品。
(6) 启动应急发报机。
(7) 不要饮用未经净化的水,可以收集露水饮用。
(8) 记日志。

二、陆地求生

当陆地撤离发生在偏僻和荒凉地区时,在救援人员未赶到之前,幸存者应做陆地求生的准备,建立避难所。

(一) 天然避难所
(1) 山区和岩岸边的山洞。
(2) 凸出的大岩石下边。
(3) 树、树枝及雪。

(二) 飞机避难所
(1) 完整的机身。
(2) 机翼和尾翼。
(3) 滑梯。
(4) 机舱内的塑料板及绝缘板。

搭建避难所时要注意的问题:
(1) 选择山洞作为避难所时,要记住里面可能会很潮湿,同时可能会有其他生物存在。
(2) 冬季时,不宜依靠机身搭建避难所,因为金属散热较快。
(3) 避免在低洼潮湿的溪谷处修建避难所,防止被洪水冲走。

(4) 枯树和茂密的草木丛中不宜修建避难所。

（三）饮水

在应急生存中，水是人类生存的必需品，比食物更为重要。

1. 寻找水源

(1) 当你从飞机上撤离下来时，应尽可能多地带水、饮料。

(2) 寻找附近的河流、湖泊、池塘、山泉等。

(3) 在沙丘之间凹处进行挖掘，可能有水。

(4) 干枯的河床下面常常有水。

(5) 雨水和露水，热带丛林的植物也富含水分。

(6) 寒冷地带，可融化并净化冰和雪。

(7) 鸟群经常在水坑上方飞翔。

(8) 顺着动物的足迹和粪便等可找到水源，沙漠和干旱地区也是如此。

2. 饮水时要注意的问题

(1) 不干净的水至少沸腾5分钟后方可饮用。

(2) 河流、湖泊、池塘、山泉等水源，需消毒后饮用。

(3) 不要直接食用冰和雪解渴，因为雪和冰会降低体温或造成更严重的脱水。

(4) 丛林中植物中的乳汁状的汁液不能喝，可能有毒。

(5) 沙漠中的湖泊和水坑中的水，如含有盐碱味，不要饮用。

(6) 减少活动，避免体液损失。

(7) 飞机上带下的水和应急水应放在最后使用。

(8) 合理分配用水量。

(9) 不要饮用尿液，那样会觉得恶心，并且对身体也有害。

（四）食品

在野外生存中，食物与水相比并不是最重要的。一个幸存者不吃东西，光靠水和本身脂肪也能生存一段时间。当你需要吃食品时，可以从你周围的环境中获取。

1. 食物的来源

(1) 在不影响撤离速度的情况下，可从飞机上带下可用的食品。

(2) 从昆虫身上获取食物。

(3) 猎捕野兽和鸟类作为补充食物。

(4) 捕食鱼类。

(5) 采摘野生藤本植物。

(6) 捕捉爬行动物。

(7) 飞机货舱内可食用的货物。

2. 进食时要注意的问题

(1) 应急食品要放在迫不得已时再食用。

(2) 除蝗虫外，昆虫都可生吃，但烧烤后味道更好，吃时要去掉胸腔、翅膀和腿。

但不要食用蚂蚁、蝎子、蜘蛛、苍蝇、红蚁、虱子和蚊子。

(3) 食用鸟类及兽肉之前,应先放血,去皮取内脏,然后经烧烤后食用,在取内脏时不要碰破胆囊,并将多余的肉储存。

(4) 淡水鱼一定要先将其煮熟后再食用。

(5) 野生藤本植物作为最后求生食品时,一定要熟悉其属性。

3. 有毒食品的现象

(1) 触摸后有刺痒感及出现红肿。

(2) 折断的树枝叶上有乳汁样的液体流出。

(3) 嚼在嘴中有烧灼感,辛辣苦涩或滑腻感。

但不是所有有毒的植物都有怪味,有的是香甜味,如咀嚼 8 小时后无特殊感觉,就可放心食用。

(五) 取火

火是野外生存的基本需要之一,它可以取暖、做饭、烘干衣服,防止野兽的袭击和做联络信号。把柴火分堆烧,这样可以有更多的氧气支持燃烧。几个小火堆比一个大火堆能提供更多的热量。

1. 生火的必备条件

生火的一般顺序是从火花到引火物,再到燃料。

(1) 火花源

① 火柴。

② 抽烟用的打火机。

③ 火石和小件钢制品。

④ 信号弹:最佳火种,但这是最后的手段。

⑤ 电瓶,但不要在飞机附近使用。

⑥ 放大镜。

(2) 引火物

作为引火物的材料应细些,保持干燥和高度易燃。

① 棉绒。

② 纸绒。

③ 脱脂棉。

④ 蘸过汽油的抹布。

⑤ 干枯的草和毛状植物。

⑥ 鸟的羽绒及鸟巢。

(3) 燃料

凡是可烧烧的东西都可以作为燃料,并可以混合在一起使用。在准备燃料时一定要尽可能地使之充足够用。

① 干燥的树枝、枯枝。

② 灌木。
③ 捆成束的干草。
④ 干燥的动物粪便、动物脂肪。
⑤ 地面裸露的煤块。
⑥ 飞机上的汽油和润滑油。

2. 火场的设置

（1）火场最好设置在沙土地或坚硬的岩石上。如要在丛林中生火，要尽可能地选择在林中的空地上，同时要清除周围地面上的一切可燃物，如树枝、树叶、枯草等，还要在近处准备好水、沙子或干土，以防引起森林大火。

（2）如果是在雪地、湿地或冰面上生火，可先用木头或石块搭成一个生火的平台；作为取暖用的火，可利用天然的沟坎，或先用圆木垒成墙，以利于将热量反射到避难所中。

3. 成功取火的条件

（1）经常保持足够的火花源并使其始终干燥。

（2）要为第二天准备足够的引火物和燃料，并用干燥的东西将其盖好。

（3）点火时，火源应在引火堆的下风侧。

（六）陆地生存要点

（1）充分休息，保存体力，每晚应睡 7~8 小时；

（2）保持避难所的清洁，垃圾应存放在离住处较远的地方。

（3）尽可能地保持自身的清洁，以使自身处于良好的精神状态下。

（4）沙漠中生存应尽可能地躲避太阳辐射，以减少体内水分的蒸发，寻找水源和食物的工作最好在傍晚、清晨、夜间进行；在沙漠区域，白天的温度可能高达 50 多摄氏度，晚上降至 0 摄氏度以下。

（5）丛林地带生存应避免蚊虫叮咬，在阴冷的天气里，应尽可能地保持身体干燥和温暖。

（6）在身体条件允许的情况下，适当锻炼身体，但不要超量。

（7）除了必须转移到安全干燥地区以外，幸存者应留在遇险地区附近等待救援。

（8）人员要集中，避免走散，随时清点人数。

三、水上求生

（一）海上生存的特点

（1）海上缺乏参照物，难辨方向，不易发现目标，生存人员很难判断自身所处的位置。

（2）风高浪大。平均风力 3~4 级，大风时可达 10 级以上。

（3）缺乏淡水。

（4）水温低。表面平均水温不超过 20 摄氏度，有 13% 的水表温度为 4 摄氏度以下。

(5) 海洋生物对人体存在伤害。

(二) 水中保暖

(1) 在冷水中尽量减少活动,保持体力,减少热量的散发。

(2) 减少冷水与人体的接触面,保持体温,以减少热量的损失。

(3) 几人为小组的聚集保暖法:几人组成一个面向中心的圆圈,手臂相搭,身体的侧面相接触,紧紧地围成一个圆圈。

(4) 单人保暖休息法:双腿向腹部弯曲,双手交叉抱住双膝于胸前。

(5) 不要在水中脱弃衣服鞋袜。

(6) 身着薄衣的成人在 10 摄氏度的水温中的生存时间如表 6-4 所示。

表 6-4 不同情况下的水中生存时间

无救生衣	踩水	2 小时
有救生衣	游泳	2 小时
有救生衣	保持姿势	4 小时

(三) 饮水

淡水是生存中至关重要的必需品,有了水,才能保证身体的正常代谢,没有水人只能活几天。所以,幸存者感到干渴时应尽量饮水以保证身体的正常需要。

1. 海水

海水是海上幸存者面对的最大水源,然而海水是不能直接饮用的。直接饮用会导致脱水,对人体组织具有破坏作用,会引起许多器官和系统的严重损坏。因此,在海上生存时是禁止直接饮用海水的。

2. 淡水源

在船上生存时,如何确保淡水供应是一个大问题,解决这问题的方法有很多种。

(1) 离机前,尽量收集机上水和饮料带到船上。

(2) 收集雨水,利用船上的设备储存雨水。

(3) 收集金属表面的露水。

(4) 北半球海域冰山是淡水的来源,但靠近冰山时要很小心,因为冰山翻转十分危险。

(5) 利用海水淡化剂淡化海水使其成为可饮用淡水。

3. 饮水时要注意的问题

(1) 先使用已有淡水,再进行海水淡化。

(2) 除非特别渴,否则在救生船上的第一个 24 小时内不要喝水(婴儿和重伤员可适当分配点水);以后的日子,如果水量有限,可每天喝 37 盎司(约 1.083 升)水;当雨水充足或 37 盎司不能满足需要时,每天可以适当增加水量。

(3) 当淡水很少时,在下雨前只能用水湿润嘴和含一点水。

(4) 为减少渴的欲望,可在嘴中含一个纽扣或口香糖,增加唾液。

(5) 不能抽烟、饮酒或饮用含有咖啡因的制品,避免体内水分的散发,酒可以留下用于外伤消毒止痛。尽量少活动,多休息,减少体内水分的消耗。

（四）食品

1. 食品来源

(1) 在离开飞机前应尽可能地收集机上的食品以带上船备用。

(2) 飞机断裂后货舱内散落在漂浮水面上的可食用的货物。

(3) 海里的鱼类及海面上飞着的鸟。

2. 进食时要注意的问题

(1) 水量多时,先吃蛋白质食物,水量少时,先吃碳水化合物。

(2) 鱼类是海水生存最大的食物来源,但不熟悉的鱼类不要食用。

（五）发现陆地

1. 确定陆地海岛的位置

(1) 在晴朗的天空,远处有积云或其他云集聚的下面可能有陆地或岛屿。

(2) 黎明鸟群飞出的方向,黄昏鸟群飞回的方向,可能是陆地或岛屿。

(3) 通常情况下,白天风吹向陆地,晚上风吹向海岸。

(4) 在热带海域,天空或云底的淡绿色,通常是由珊瑚礁或暗礁所反射形成的。

(5) 漂浮的树木或植物意味着附近有陆地。

注意:不要被海市蜃楼所迷惑,在船上改变座位高度时,海市蜃楼不是消失便是改变形状。

2. 登陆

登陆是海洋生存的最后环节,要想顺利成功地实施登陆,必须注意以下几点。

(1) 选择最佳登陆点,尽力向其靠近。

(2) 穿好救生衣并充好气。

(3) 穿戴好所有的衣服鞋帽。

(4) 靠岸时,尽量放长海锚绳,降低船向登岸点的接近速度,保证安全。

(5) 救生船在海滩上着陆前不能爬出救生船。

(6) 救生船一旦登陆,应迅速下船并立即设法将船拖上海滩。

3. 获救

当救援船驶到救生船旁边时,不要以为可以很容易登上救援船。切记:如果已经在海上等了好几个小时,身体已经很虚弱了,一定要静坐船上等待救援人员来救,不要急于离开救生船。直升飞机来救援时,一个吊篮只能容纳一个人。

（六）水上求生要素

1. 如果生存者在水里

(1) 让生存者相互靠近,集中身体的热量。

(2) 尽可能地把身体露出水面。

（3）把四肢靠近躯干，保持胎儿的体态。

（4）减少在水中的活动。

（5）使用救生绳把生存者从水里拉到救生船上。

2. 如果生存者在救生船内

（1）尽量降低身体重心，以防救生船倾覆。

（2）把救生船连接在一起，防止救生船分散而失去联系。救生船之间的距离取决于海上的状况，只有在相对平静的海上，才把救生船直接系在一起；在有浪的海面上，为了防止救生船可能的碰撞，用尽可能长的绳子把救生船连接在一起；当救生船离开有油污的水面后，从第一条或最后一条救生船上抛下海锚。

（3）在救生船内不准吸烟。

（4）支起顶棚。

3. 可以使用救生顶棚收集雨水并遮挡太阳

（1）当救生顶棚用来收集雨水时，请等到雨水将顶棚上的盐渍冲洗干净后再开始；把中间的支撑杆移去，在取水口下部放一个容器（舀水桶、塑料水瓶或任何盛水的物品）接水；露水也可以通过救生船顶棚来收集到容器中。

（2）当救生顶棚用来遮挡太阳时，可以把顶棚卷上去，打开两扇窗或打开顶棚的两端通风。

4. 检查浮力管的正常充气

（1）确保浮力管牢固但不紧绷。当烈日当空时，需要排放管内的空气，因为太阳的照射会使浮力管内的空气膨胀。但在阴天或日落之后，需要用手动充气泵往里充气。

（2）确保至少一个浮力管处于充气状态。两个浮力管是完全独立的，如果有一个已损坏到不能修补，则要让另一个完全充气，两个充气管中任何一个都可以承受超载的人数，如果是在水中，救生船吃水要深一些；上层浮力管无法充气时，则不能撑起顶棚。

5. 经常检查救生船是否漏水

（1）根据救生包内的要求修补漏水处。

（2）尽可能保持救生船内干燥，可以用水桶将水舀出，或用救生包内的海绵将救生船内的水吸干。

四、丛林求生

由于丛林里有丰富的食物和水源，因此丛林求生是最容易的，这里最大的危机是惊慌失措和昆虫及植物引起的疾病。

（一）丛林求生注意事项

（1）带上救生衣以在任何空地带显出对比色彩。

（2）卸下并带上所有滑梯/救生船。

(3) 最好在空旷的地方将滑梯/救生船展开,架好帐篷,作为避难所。
(4) 启动应急发报机。
(5) 熟悉救生包里的物品。

(二) 发送求救信号

(1) 取出信号发射设备。
(2) 其余物品留在储存袋里到实际需用时再取出。
(3) 当发现搜救的人员或设备时(飞机、直升机、远方车马人员等),白天使用烟雾信号和反光镜,夜间使用火炬和信号弹。使用烟雾信号和火炬时一定要在下风侧施放。

注意:救生包内有内容详尽的各种救生指导小手册。

五、极地/冬季求生

当处于在任何不同季节都被低温强风和冰雪覆盖的地区时,都必须应用冬季求生原则。

(1) 携带救生衣做御寒之用。
(2) 卸下并带上所有滑梯/救生船。
(3) 滑梯/救生船应充气、架设好作为掩体,并尽快让旅客进入避寒。
(4) 启动应急发报机。
(5) 在可能的条件下收集飞机上的枕头和毛毯分配给旅客,让旅客尽量靠近坐好以保存体温。
(6) 熟悉救生包里的物品。
① 取出信号发射设备。
② 其余物品留在储存袋里到实际需用时再取出。
(7) 指挥旅客经常做温和的运动,如坐着屈伸腿部,运动手指和脚趾等。
(8) 避免喝酒类饮料,因为存在促进体温散发的危险。
(9) 必须经常放进一些新鲜空气到掩体里面,因为内部的二氧化碳含量增高会造成危害;松开过紧的衣物,保持良好的空气流通。
(10) 不要让旅客们同时睡着,日夜都需要安排人员轮流值班。
(11) 发现搜救者时,白天使用烟雾信号和反光镜,夜间使用火炬和信号弹,使用烟雾信号和火炬时要在下风侧施放。
(12) 预防冻伤和低温症,避免散热过度。

六、沙漠求生

在沙漠里,最重要的是要避免脱水。

(1) 携带救生衣作为夜间御寒用。
(2) 卸下并带上所有滑梯/救生船。

（3）滑梯/救生船充气，并将帐篷架设好作为避难所，然后尽快让旅客进入。

（4）启动应急发报机，如果缺水可以用容器收集尿液，将应急发报机底部浸泡在尿液中。

（5）熟悉救生包里的物品。

① 取出信号发射设备。

② 其余物品留在储存袋里到实际需用时再取出。

（6）将现有的饮水尽量留给伤患人员。

① 失血者。

② 呕吐者。

③ 严重腹泻者。

（7）减少日间的活动，白天睡觉，晚上如果有足够光线的话，可以干活。

（8）在阴凉处休息，在白天的热气中，待在避难所里，把救生船的顶棚支起来。在沙漠区域，至少要弄开 6 英寸（约 15 厘米）深的沙，以取得较低的地面温度，避免阳光直射眼睛。

（9）穿上衣物，减少流汗，不要把头部、躯干和颈部裸露在外面。

（10）预防由于酷热引起的疾病。

（11）发现搜救者时，白天使用烟雾信号和反光镜，夜间使用火炬和信号弹，使用烟雾信号和火炬时要在下风侧施放。

七、信号与联络

（1）国际通用的山中求救信号是哨声或光照，每分钟 6 响或闪照 6 次，停顿 1 分钟后，重复一次。在救生包内有哨子和手电筒。

（2）收集干柴和干草，点起一堆或几堆火，也可在火烧旺时加些湿枝叶或青草，使火堆升起大量的浓烟。

（3）穿着颜色鲜艳的衣物或戴上颜色鲜艳的帽子，如穿上救生衣；看见救援飞机时，不停挥动这些鲜艳的衣物。

（4）用树枝、石块或衣物在空地上堆砌出"SOS"或其他求救字样，每字最少长 6 米，也可以在雪地上踏出这些字。

（5）看见救援飞机时，引燃烟雾信号和使用反射镜。

（6）使用应急发报机及救生包内的信号设备。

（7）火在白天和夜间都可作为信号，三堆火组成的三角形信号是一种国际通用的遇难信号。

（8）在晴朗无风的日子或地面被白雪覆盖时，可用白色、黑色烟雾作为信号。三个烟柱（堆成三角形）也是一种国际通用的遇难信号，蓝天为白烟，雪地、阴天为黑烟。

（9）在夜间可以使用手电筒的光作为信号，很远的地方可以看到，国际通用的"SOS"求救信号是三次短闪、三次长闪、三次短闪。

(10) 地对空求援符号。

① 利用树丛、树叶、石头、雪等天然材料堆成各种求援符号,以吸引来自空中的救援人员的注意。

② 国际公认的求援符号有 5 种,如表 6-5 所示。

表 6-5 国际公认的 5 种求援符号

V	表示求援者需要帮助
箭头	表示求援者行进的方向
X	表示幸存者需要医疗救护
Y 或 N	分别表示"是"或"不是"
SOS	表示请求援助我们

(11) 空对地信号。

① 航空器使用表 6-6 所示信号来表示已明白地面信号。

表 6-6 昼夜信号表示方法

昼间	摇摆机翼
夜间	开关着陆灯两次。如无此设备,则开关航行灯两次

② 如无上述信号,则表示不明白地面信号。

(12) 发信号时要注意的问题。

① 做好发信号的一切准备,并保证其有效性。

② 应保证铺设的信号在 24 小时内都有效,因为信号在白天大部分时间都有阴影,所以铺设方向应为东西方向;其线条宽度至少为 3 英尺,长度不短于 18 英尺,并定时检查;所有信号的发出和铺设应在宽阔地带进行,可能的情况下多准备几种信号。

③ 用火作为信号时,应选择离其他树较远的孤立稠密的长青树,避免引起森林火灾。

④ 保护好信号材料不受冷、受潮。

⑤ 烟雾信号和反光镜是仅次于无线电的最佳联络手段。

⑥ 任何异常的标志和颜色之间的差异在空中都能被发现。

八、辨别方向

在求生过程中,需要正确辨别方向以便尽早脱离危险。以下介绍几种实用的辨别方向的方法。

(一) 钟影法

无论身在北半球还是南半球,都可以用树影移动来确定方向,北半球的树影按顺时针移动,南半球树影按逆时针移动。

1. 钟影法(一)

在一块平地上,竖直放置 1 米长的垂直树干,注明树影所在位置(图 6-2(a)中 a 点),顶端用石头或树棍标出。15 分钟后,再标记出树干顶端在地面上新的投影(图 6-2(a)中 b 点)。两点间的连线会指出东西方向——先标出的方向是西。南北方向则与连线垂直。这种方法适用于任何经纬度地区,一天中的任何时间,但必须要有阳光。用这种方法可以检测太阳移动的方向。

2. 钟影法(二)

如果有时间,还可以用另一个更精确的方法。即在早晨标出一个树影顶点,以树干所落点为圆心,树影长为半径作弧,随着中午的到来,树影会逐渐缩短、移动。到了下午,树影又会逐渐变长,标记出树影顶点与弧线的交点,弧上这两点间的连线会提供准确的东西方向,即早晨树影顶点为西,如图 6-2(b)所示。

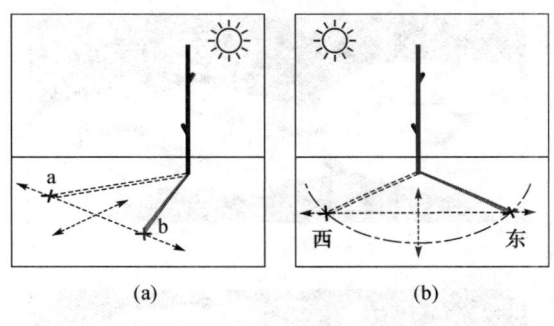

图 6-2 钟影法

(二) 手表法

传统的手表有时钟和分钟,可用来确定方向,前提是它表示的是确切的当地时间(没有经过夏时制调整,也不是统一的跨时区标准时间)。离赤道地区越远,手表法越可靠,如图 6-3 所示。

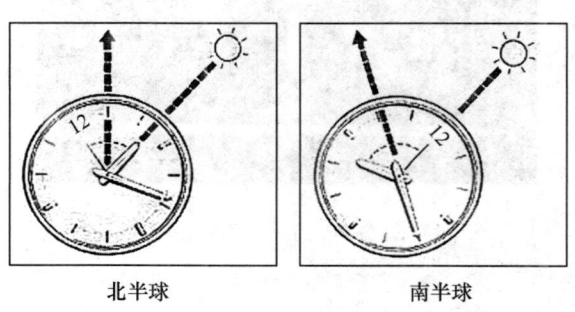

图 6-3 手表法

1. 北半球

将表水平放置,时针指向太阳,时针与 12 点刻度之间的夹角平分线指明南北

113

方向。

2. 南半球

将表水平放置,将12点刻度指向太阳,12点刻度与时针指向间的夹角平分线指明南北方向。

(三)简易指南针法

(1)一截铁丝(缝衣针即可)沿同一方向反复与丝绸摩擦,会产生磁性,悬挂起来可以指示北极。但磁性不会很强,隔段时间需要重新摩擦,增加磁性。

(2)如果你有一块磁铁,会比用丝绸更有效。注意沿同一方向将铁针不断与磁铁摩擦。

(3)用一根绳将磁针悬挂起来,避免影响平衡,但不要用有扭结或绞缠的绳线。

简易指南针法如图6-4所示。

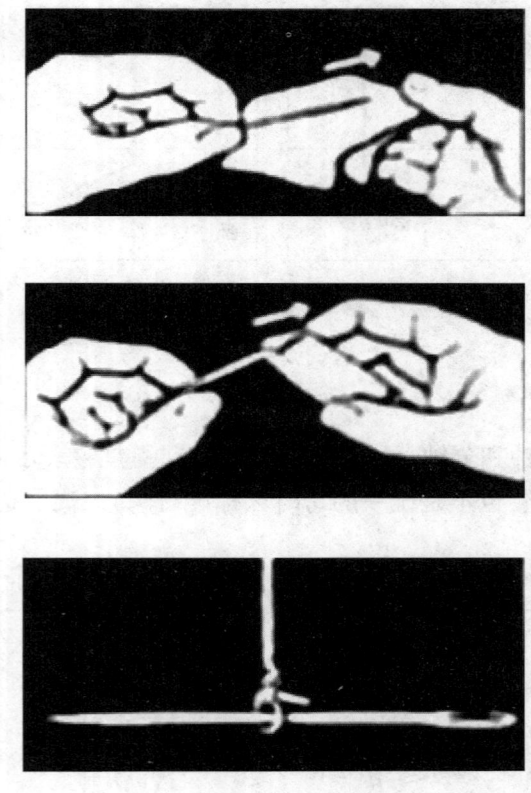

图6-4 简易指南针法

(四)星座法

1. 利用星星辨出北方

北斗七星的天璇、天枢总与北极星排成一线。北极星显示正北方向,如图6-5所示。

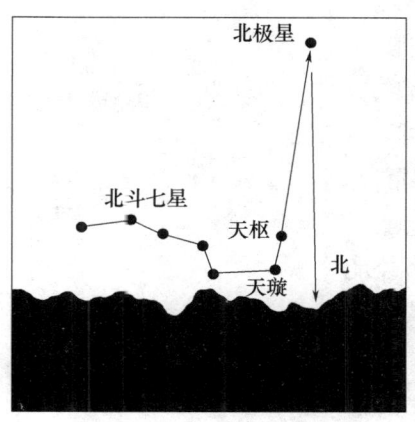

图 6-5 星座法辨出北方

2. 利用星星辨出南方

沿南十字座中央画一垂线,延长其长度三倍,在线末梢偏左那边就是南方,还可利用指极星与波江座来帮助定位,如图 6-6 所示。

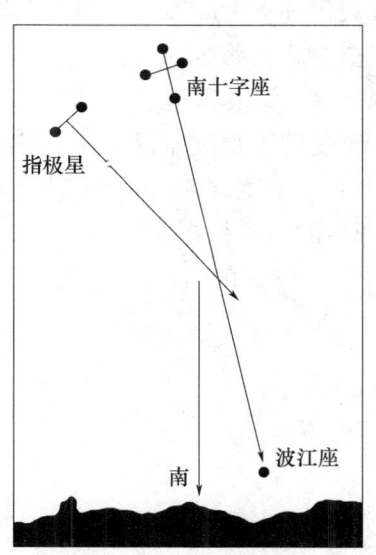

图 6-6 星座法辨出南方

项目实训

(1) 练习使用旅客氧气面罩。
(2) 练习使用便携式氧气瓶。
(3) 练习使用手提式水灭火器。
(4) 练习使用海伦灭火器。

(5) 练习使用防烟面罩。
(6) 练习陆地求生技能。
(7) 练习水上求生技能。
(8) 练习丛林求生技能。
(9) 练习冬季求生技能。
(10) 练习沙漠求生技能。
(11) 练习信号与联络技能。
(12) 练习辨别方向技能。

自我检测

(1) 请解释什么是释压,以及释压情况下民航乘务员应如何应对。
(2) 缺氧会有什么症状?请解释缺氧会对人体造成什么后果。
(3) 为什么民航乘务员必须熟悉释压情况?
(4) 如果手边没有灭火器,应该如何灭火?
(5) 请列举并描述应对机上火灾的步骤。
(6) 列举三种火灾及扑灭每种火灾应该使用的灭火器。
(7) 简述航空器保障安全措施有哪些。
(8) 什么是最低风险爆炸区?请具体说明。
(9) 简述飞机停留地面时受到蓄意破坏行为的威胁的处置程序。
(10) 简述飞机在飞行中受到蓄意破坏行为的威胁的处置程序。
(11) 简述飞机上有炸弹客舱处置程序。

第七章 机组资源管理

知识目标

(1) 了解机组资源管理的产生与发展。
(2) 掌握机组资源管理的影响因素。
(3) 熟悉机组资源管理的方法与程序。

能力目标

(1) 掌握机组资源管理的基本理论。
(2) 了解人为因素、决策、差错管理的相关知识。
(3) 提高沟通交流技巧及团队协作能力。
(4) 能将机组资源管理的方法应用于工作实践。

案例导入

阿维安卡航班的空难
——人为因素所致的空难

几句话就能决定人生与死的命运吗？是的，1990年1月25日就发生了这样的一起不幸事件。那天，由于阿维安卡52号航班(Avianca Flight)的飞行员与纽约肯尼迪机场交通管制员之间的沟通障碍，导致了一场空难的发生，机上73人无一生还。

当日晚7点40分，阿维安卡52号航班飞行在南新泽西海岸上11277.7米的高空，飞机上的油量可维持近两个小时的航程，在正常情况下飞机降落至纽约肯尼迪机场仅需不到半小时的时间，飞机的缓冲保护措施可以说十分安全。然而，此后却发生了一系列的事件耽误了航班的按时降落。晚8点整，肯尼迪机场交通管制员通知52号航班，由于严重的交通问题，他们必须在机场上空盘旋待命。8点45分，52号航班的副驾驶员向肯尼迪机场报告他们的"燃料快用完了"，管制员收到了这一信息，但直至当日晚9点24分，仍没有批准该飞机降落。在此期间，阿维安卡机组成员再没有向肯尼迪机场传递任何情况十分紧急的信息，但该航班的机组成员却在紧张地相互通知飞机燃料供给出现了危机。

由于飞机高度太低及能见度差，因而无法保证安全着陆，晚9点24分，52号航班第一次试降失败。当肯尼迪机场指示52号航班进行第二次试降时，有的机组成员再次提到他们的燃料将要用尽，但飞行员却报告给机场管制员说新分配的飞行跑道"可行"。晚9点32分，飞机的两个引擎失灵，1分钟后，另两个引擎也停止了工作，耗尽燃料的飞机于当日晚9点34分时坠毁。

事后，调查人员在仔细分析了黑匣子中的录音，并与当时机场值班的交通管制员交谈之后，发现导致这场悲剧的主要原因就是沟通障碍。

首先，飞行员一直说他们的"燃料不足"，而交通管制员却告诉调查人员这是飞行员们经常使用的一句话。当被延误时，交通管制员认为几乎每架飞机都存在燃料问题。但是，如果该航班飞行员发出"燃料危急"的呼声，交通管制员则有义务优先为其导航，并尽可能迅速地允许其着陆。然而，52号航班的飞行员从未说过"情况紧急"，所以肯尼迪机场的交通管制员一直未能理解飞行员所面对的真正困境。

其次，52号航班飞行员的语调也并未向管制员传递"燃料紧急"的信息。许多交通管制员接受过专门训练，可以在这种情景下捕捉到飞行员声音中极细微的语调变化，尽管52号航班的机组成员之间均表现出对燃料问题的极大忧虑，但他们向肯尼迪机场传达紧急信息的语调听起来却是平静的，以致于交通管制员认为情况是正常的。

最后，飞行员的习惯做法及机场的职权也使得52号航班上的飞行员不愿意报告自己所处的情况非常紧急，因为一旦正式报告紧急情况，飞行员事后需要写出大量的书面汇报；此外，如果发现飞行员在计算飞行过程需要多少燃油量方面疏忽大意，联邦飞行管理局就会吊销其驾驶执照。以上这些消极因素都极大地阻碍了飞行员发出紧急呼救的行动，在这种情况下，飞行员的专业技能和荣誉感可能就会变成赌注。

阿维安卡52号航班的悲剧表明，良好的沟通对于团队和组织的工作都十分重要，甚至生死攸关。

第一节 机组资源管理的基本理论

民航安全是航空运输业的首要任务，全球航空界经过长期不懈的努力，通过应用科学、规范、严谨的安全管理措施，大大降低了航空事故发生的频率和严重程度，在保障航空安全方面取得了令人瞩目的成就。但随着现代民航业以资本密集、技术密集和高风险为标志的高度规模化发展，航空运输的特殊性对安全提出了更高、更严的要求，从世界范围来看，各国无不高度重视航空安全，尤其是美国"9·11"事件发生后，全方位的航空安全被提高到国家安全层面的战略高度。

一、国际民航组织安全管理体系

2001年11月，国际民航组织（International Civil Aviation Organization, ICAO）建

议各国建立安全管理体系(Safety Management System,SMS)。

各国民航业对安全的概念有所不同,例如:零事故(或严重事故征候)是乘机旅行者普遍持有的一种观点,员工对待不安全行为或状况的态度(反映企业的"安全"文化),航空业对风险的"可接受"程度,事故损失(人员伤亡和财产损失及对环境的损害)的控制等。

ICAO 对安全管理体系 SMS 的定义:有组织的管理安全的方法,包括必要的组织结构、问责办法、政策和程序。

中国民航业将安全管理体系 SMS 概括为一种系统、清晰、全面的安全风险管理方法。它综合了运行、技术系统、人力资源管理等理念,融入到公司的整个组织机构和管理活动中,包括安全管理的政策和策略、安全目标、组织结构、职责分配、风险管理、安全评估、安全监督、安全培训与教育、运行日常监督检查、事件调查、安全信息报告与管理和安全文化建设等,最终实现安全运行的目标。

二、机组资源管理的产生与发展

机组资源管理(Crew Resource Management,CMR),亦称驾驶舱资源管理(Cockpit Resource Management),其主要着眼于对人的因素的研究和团队群体训练,目标是减少飞行中的人为失误,提高航空安全水平和工作效益。

美国国家航天局对二十世纪六七十年代的航空飞行事故进行调查后发现,约有70%的事故是由人为因素造成的,而令人震惊的是大多数失误的起因是交流、协作与决策上的问题。越来越多的飞行员开始认识到,除了掌握娴熟的个人技术,还需要学习、交流机组管理方面的知识。因此,为了加强驾驶员之间的配合及机组之间的团队协作,减少飞行中因人为因素导致的失误,1979 年驾驶舱资源管理概念开始产生。

如今,经过 30 多年的发展,CRM 训练项目已经是我国各航空公司的常规训练内容,在相关民航院校也开设了 CRM 课程,CRM 的研究与学习已逐渐走向成熟。为此,我们应借鉴国内外先进经验,推动 CRM 在航空公司的应用,让先进的科学技术为我国的民航运输事业服务。

三、机组资源管理的含义与意义

(一) 机组资源管理(CRM)的含义

机组资源管理的含义:有效利用所有可利用的资源(包括硬件、软件、环境和人力资源),以达到安全、高效和舒适飞行之目的,其核心是调动人的主观能动性,加强机组的协调配合,创造良好的沟通平台、平等友好的环境,最终达到 $1+1 \geq N$ 的目的。

C:Crew,即机组,军事歼击机驾驶舱只有一名飞行员,尚无机组概念,也可称为驾驶舱资源管理;民用飞机由多人驾驶,在驾驶舱内操纵飞机的人员称飞行人员,包括机长(正驾驶)、副驾驶、领航员、报务员和机务工程师。目前,双人制飞机只有两名飞行员,即机长和副驾驶员,二人以上称为组;民用飞机还包括由客舱中乘务长、区域乘务长、民航乘务员组成的乘务组。机组从广义上讲包括一切与飞行有关的人员,如飞行机组、乘务组、机务维修人员、签派人员、清洁人员、航空食品人员、飞机设计人员、航空管理人员、旅客等。

R:Resources,即资源,是指生产资料或生活资料的天然来源。机组资源包括驾驶舱内和驾驶舱外与机组活动有关的一切资源,资源供应与操作效能相关,通过机组人员联系起来。主要包括以飞机、机载设备、导航设备为代表的硬件资源;以专业知识、技能、信息、手册、程序、检查单、地图和性能图表等为代表的软件资源;以机组成员为代表的人力资源及以航空油料、食品为代表的易耗资源。

M:Management,即管理,是指协调一切可运用的资源以达到安全运行的目的。

（二）机组资源管理的意义

CRM不仅包括飞行员的技能训练,更是将人们对航空运输安全的关注从技术角度转变为人的角度,将飞行员的技能从传统的"杆和舵"专业领域发展到现代化飞机自动驾驶仪的管理领域。驾驶舱是飞行操作人员的空间,而机组不仅包括驾驶舱内的飞行机组和客舱内的乘务组,还包括机务维修、空中交通管制和地面其他有关人员,而且已经发展成为航空公司不可或缺的一种安全文化。CRM开发了一切可以利用的资源,采取有效的管理手段,引入认知心理学、社会心理学、组织管理心理学等原理,以沟通、决策、团队协作为主,在熟练的个人技术基础上,在人、机、环境系统中实现机组整体协作的全新技能训练。这使CRM的原理得到普通的赞成,CRM的目标正在实现,因其理论基础深厚,应用目的明确,其影响还在向社会其他领域延伸,向企业文化扩展,逐步形成一个有发展潜力的学科。

四、机组资源管理的训练

当机组人员进入驾驶舱时,他们同时承受着驾驶员职业文化、航空公司商业文化及民族传统文化的影响,东西方文化及各航空公司文化的差异,决定了机组资源管理的训练内容和方法不尽相同,但训练的目的和内容基本相同。机组资源管理强调飞行安全不仅是驾驶员个人技术的表现,更需要通过集体协作展示整体技能,它侧重于群体相互作用的飞行机组功能,而不是个人技术上胜任能力的简单累积。

机组资源管理训练是飞行安全管理得以运行的根基和土壤,是建立和维护安全机制的动力。它为机组成员综合性地实践飞行中的角色、技能提供了机会,并教会机组成员怎样使用有助于提高机组效益的个人和集体领导艺术,还引导机组成员在高工作负荷及高应激情境下,都能够正常维持机组整体效益。

机组资源管理促使飞行机组与客舱乘务组之间形成以互相尊重和理解为标志的合作精神,建立飞行机组和客舱乘务组之间有效沟通的桥梁,制定保障客舱安全的政策、目标,通过定期审查标准操作程序,确保驾驶舱和客舱的协调,在发生与安全相关的事件后一起汇报情况。

第二节 人为因素

多年来,对航空事故调查的结果表明,导致航空器事故和事故征候的原因中,人为因素往往成为了不可忽略的因素。富兰克·比尔德的"金字塔定律"认为:大约每600次一般差错,会产生30次严重差错;每30次严重差错会导致10次更严重的差错或1次二等以上事故。我国民航业的安全情况则是大约每35次事故征候,就会发生1次一般事故以上等级的飞行安全问题,这也大致符合"金字塔定律"。

影响航空安全的主要有设备、管理和人为因素,设备是基础、管理是前提、人为因素是根本。在所有人为因素造成的事故中,机组原因约占61%,空中交通管制的原因占6%,把飞行事故中属于人为因素和属于飞机的原因进行统计分析可发现,早期航空器不完善时,机械事故较多,随着飞机设计的改进,现代化飞机性能卓越,因飞机原因导致的事故率下降,人为因素导致的事故率上升。事故的铸成往往不是由于技术问题,而是因为若干小的失误累积起来,最终导致机组在通信、协作和决策上出了问题。

人为因素对安全起着至关重要的作用,如果要降低事故率,就必须很好地理解人为因素问题和更广泛、主动地应用人为因素知识。在机组资源管理训练中增加人为因素训练的要求,每个参与者都是这个"链条"中的一"环",都要紧密联系,依靠其他人协助来完成保证飞行安全的任务。这个链条的强度取决于它"最弱环"的强度。因此,这就需要培养机组成员的团队意识、促进团结协作、建立合理沟通机制、通过有效沟通来保证飞行任务的安全、高效。

一、团队协作

随着航空运输业的飞速发展,新的机型、设备和人性化设计的广泛使用,个人技能在保证飞行安全中不再是决定因素,安全与否取决于机组成员是否协调配合,取长补短,提高机组团队表现,最大限度地发挥团队的整体功能,减少飞行中人为失误。

(一)机组团队意识

一般2人以上称为群体,2人~50人为小群体,50人以上为大群体。一个群体必须有频繁的互动,如信息、思想、感情的交流,共同的目标与利益,相互协作与配合的组织保证及群体意识。

通过一系列研究,社会心理学者发现,群体效力与三类变量有关:第一类为独立存在的变量,主要指群体结构因素、工作环境因素;第二类为中间变量,这些变量既受到自变量的影响,又影响群体效力的发挥,主要是指人与群体的种种心理过程;第三类为因变量,即群体效力。

机组这个群体不是简单的人的叠加。一个好的团队,需要机组的每位成员都能胜任自己的工作。同时,机组协调、同步协作等工作均离不开团队意识的建立,因此需要团队成员具有明确的工作目标，统一认识、增强团队成员的战斗力和意志力；建立良好的沟通机制，提供团队成员交流的机会和平台，增强团队成员彼此间的信任；及时肯定团队成员的工作。

（二）机组搭配原则

从群体效力的三个变量看，机组搭配是自变量中的结构变量，这是机组群体效力的基础。"安全第一"是机组处理飞行中各种问题的指导思想，良好的飞行作风是严格执行规章制度的保证，技术是保证安全完成飞行任务的首要条件。同时，机长和正副驾驶在技术上必须进行强与弱搭配、新与老搭配、生疏与熟练的搭配，同时还应考虑机组成员性格、年龄等方面的合理搭配。

例如，安排年轻的飞行员和年长的飞行员一起飞行，年长的飞行员飞行经验丰富，处事稳重，情绪稳定；年轻的飞行员反应敏捷，记忆力强，精力旺盛，体能较好。因而可在飞行过程中相互学习、互相配合，彼此帮助、共同促进，使飞行安全更有保障。

（三）团队领导力

民航飞机的机组无论是双人机组还是多人机组，都是典型的小群体，群体结构变量，即机组的搭配，是发挥群体效力的第一个变量，第二个变量就是机组领导力。

1. 概念

领导的本质在于一个领导者与群体的人际关系，不仅指人与人之间的关系，而且包括人与工作、人与群体目标之间的关系。领导力可以引导和激励人们去实现组织目标，是在一定条件下实现组织目标的行动过程。

领导者是指能够实现领导过程的人，是群体中的一个角色，是群体成员之一，但是该成员应善于促进下属间密切合作、互相帮助，能激发下属努力达成组织目标的热情，能协助下属拟订工作计划、调整工作关系并提高工作效率，以及在群体中有一定的影响力。

飞行机组是一支有明确指定的领导的队伍，机长作为被指定的领导，对飞行操作保有权利和负有责任。团队领导力，并非特指机长个人，而是指机组群体。领导力不是单方面的作用，而是要求领导行为和有效的机组人员反应。如在航班起飞或着陆时，机组每位成员都要起职务上的领导作用，直接完成任务要求。

2. 机长在团队建设中的作用

机长是飞行机组的指定领导者，是执行飞行任务中，实际控制操纵装置并负有驾驶舱内最后决策角色的决策者。在国际航线中，有双套机组，每套机组都有机长，总负责者称带队机长。机长必须具备熟练的个人驾驶技术，丰富的驾驶经验及合作精神、决策才能、组织能力和危机关头的"风险性决策"能力。从大的方面来说，机长在团队建设中主要发挥以下的作用。

（1）保证组织任务的完成

团队是执行组织任务的有效保障，在团队内，将任务和责任落实到人，使其更加具体并易于贯彻,能有更高的工作效率;机长能够更好地带领大家共同研究、探索、解决问题,有利于更好地做出决策和创新;团队介于组织和个人之间,能够协助组织做好上下级部门之间的信息沟通,同时对个人行为起到积极的促进作用。

(2) 满足个人心理需要

团队可以满足个人的安全、社交、情感、认可的需要,从而增加个人的满足感和组织的稳定性,机长在团队中对个人提供组织方面的帮助、支持和指导,不仅有助于团队成员个人能力的提高,还便能增加团队成员的信心,以便更好地完成组织目标和任务。

二、沟通交流

交流,是指信息在传递者和接收者之间的交换过程,是有效地利用驾驶舱内外信息资源提高机组的处境水平的关键,是机组资源管理的核心内容。早在1976年,NASA就建立了飞行安全报告系统,通过分析大量的事故报告,发现70%以上的报告中含有信息传递错误的证据。其中,占报告事故37%的问题是在信息传递过程开始就出现的;另一个普遍的问题是信息不准确、不完整、模棱两可或断章取义,包括在不适宜的时间传递信息导致失败的占13%,信息不能被接收或理解的占11%,而只有3%的信息传递问题是设备障碍。

研究表明,当传递更多的有关飞行状态的信息时,交流多的机组成员通常比交流少的机组成员有更好的完成任务的倾向,经常进行简述、质询和观察的机组相关系统操作的差错较少。在管理心理学中,人际沟通有四种网络,不同网络对团队行为会产生不同的影响,如表7-1所示。

表7-1 不同的沟通网络对团队行为的影响

沟通网络	解决问题的速度	正确性	团队作业的组织化
轮形	快	高	迅速产生组织化,其组织稳定
链形	较快	高	慢慢产生组织化,其组织相当稳定
圆形	慢	低	不易产生组织化

(1) 轮形网络形成在驾驶舱之内,机长与副驾驶、领航员进行面对面的交流,所有信息都能互相传递。

(2) 链形网络是指在驾驶舱外通过通信工具的沟通,机组每位成员按其职责与外界沟通信息,所有的可用信息都传递给机长。例如,机长通过乘务长与客舱旅客沟通,通过报务员与空中交通管制员沟通等。

(3) 圆形网络往往是指团队成员间互相推诿,没有明确责任的分工等。

(一) 机组沟通交流的过程

与机组工作能力有关的一个最有意义的变量就是驾驶舱内或驾驶舱与其他信息源之间的信息流通,这种信息的有效传递是一个复杂的过程,它要求传递信息的过程明确、清楚,能引起接收者的注意、理解和承认。

机组沟通交流包括驾驶舱内机组成员之间的交流、机长与乘务长之间的交流、与空中交通管制人员的交流及与地面、旅客之间的交流。主要分为人与环境的交流,即机组每位成员都会从仪表和操纵装置获取信息,通过视、听、触觉从环境中利用有用信息资源;标准操作程序交流,主要涉及一些常见的和可预见情况的交流;管理性交流,管理性交流与标准操作程序以外的管理直接有关;无关交流是一种并不与实际的飞行情境直接相关的交流,它既可能是积极的、有价值的交流,也可能是消极的、降低机组警觉性和操作效能的交流。

（二）沟通交流的主要环节

沟通交流的每个环节都是非常重要的。例如,当机长试图开始做进近检查单的准备时,他就有了让副驾驶也开始这一行动的需要,机长与副驾驶之间就有可能启动一次交流。

首先,发送者需系统地阐述所要传送的信息内容,还要对这些信息进行编码,这一过程决定了发送信息所要使用的传递媒介和将要传递的方向。此时,机长就需要在驾驶舱内面对面地告知副驾驶这一信息,如果副驾驶需要获得管制员下降到较低高度的许可,他也必须使用机载无线电来向管制员表达这一想法。

接收信息的主要过程是评估。当接收者理解了所有的信息,对这些信息赋予了特定意义并进行评估之后,才能谈得上对信息有真正的理解。例如,飞行员将管制员的信息理解为右转285度并从6000英尺下降到4000英尺,该信息便被解释为同时转弯和下降。为确保该过程不会影响安全的同时,也使飞行进程能够顺利进行,接收者还应该对接收到的信息进行评估。

如果将沟通交流的过程看作一个环,这个环一直要持续到接收者完全清晰地理解了所接收的信息,并且发送者又已确认最初的需要得到满足之后。如果信息未能被理解或者这个信息显得不恰当时,接收者就可以通过反馈来进一步明确。这一过程可能会采取了解、确认、观察、提问、回答等方式来进行。

（三）影响沟通交流的因素

在沟通交流过程中,从信息源、信息加工过程到信息接收和反馈都会受到若干因素的影响,如噪声、信息加工过程中的编码、态度、观念、文化、心理状况和语言技巧等方面的因素。

在沟通交流的过程中,首先要解决态度与观念问题。在交流中,如果一方认为不必要、不愿交流就很难沟通;等级观念也使人比较容易与同级的人沟通,而不愿意跟高一级的人沟通,如驾驶舱职权差异也影响沟通。

此外,要注意沟通交流中一些生理、心理状况的影响,如身体不适、疲劳、工作负荷过重都会导致注意力分配不当,不愿交流的情绪,以及因忙碌而顾此失彼。

从交流技巧上来说,语言、面部表情和身体语言使用不当等也会造成交流困难。东西方文化背景的差异有时也会影响沟通,如"Right",可以是"正确"也可以是"右"。

(四) 机组交流的艺术

航班的每位机组成员,通过个人专业能力分析信息,经过大脑内的信息加工、判断,将航班飞行信息转变为语言信息向外发送,形成了人与人之间的沟通。

在沟通交流的过程中,参与交流的双方都应是积极的主体,即使是驾驶舱内处于信息接收方的副驾驶或空中机械师,也不能只是被动地接收信息或机械地回答机长的提问,必须根据自己的经验、判断、理解来分析机长的目的和意图,并做出反馈。同时,机长也应该根据反馈信息及时调整自己的行动,达到双方相互影响、相互作用的目的。

沟通、交流并不是单纯地交换信息的过程,它还在一定程度上改变了双方的关系,机组成员通过交流使彼此的态度和行为能够趋于一致,在情感上也更为融洽。机组成员在沟通交流时,应做到以简明扼要、准确适时的方式传递信息,使用规范信息、标准术语来表达,信息必须适合于接收者的能力,以便接收方能较为容易地接收和理解。

接收者在接收信息时应集中注意力,仔细倾听、保持开放的头脑并提供反馈。通过反馈,可使双方对交流的信息进行评估,察觉出哪些信息被顺利接收和理解,哪些信息被遗漏或误解,反馈保障了信息被正确理解和利用。

质询和简述是促进沟通的一种特殊交流技能,是针对特定的处境要求获得观点、意见或建议的过程,包括起飞前简述、进近简述、提问、客舱简述、检查和调查等。

口头语言和身体语言可以并用,既依靠语言,又依靠身体的各部分姿势、步态、面部表情、目光接触及其变化来交流。国外心理学家总结了一个公式:人的感情表达=7%言词+38%声音+55%体语(即面部、身体、手的姿势)。利用身体语言进行的沟通,有一些符号是大多数人所共同使用并能理解的,有一些符号则是只为特定的人群所熟悉的。因此,对这种方式需要进行仔细地考虑和谨慎地使用,以便在传输信息时能被接收者理解并做出正确的反应。机组成员通过这种方式的交流,可以确定和维持与其他机组成员及空中交通管制人员、机务维修人员等的人际关系,发展交往双方的友情,同时也可为工具性的交流奠定基础。

第三节 决策与差错管理

一、决策的定义

决策是人们从多种可能性中做出选择的过程。20世纪60年代后期,随着认知心理学的发展,H.A.西蒙提出启发式判断理论,说明人们不是通过复杂的统计演算,而是通过简捷的直觉判断作为最终决策基础的,而这种直觉,是以认识和经验为基础的信息加工过程,是简化问题求取最佳决策的机制。

飞行员的决策,是指在判断的基础上从众多可选方案中选择唯一方案并导向行动的过程。在飞行员获取的大量信息中,有可能包含错误的信息,从而使飞行员做出错误的判断和决策。另一方面,即使所有信息的获取是正确的,在分析、处理信息的过程中,大脑也可能会因使用错误的经验信息使飞行员的判断和决策失误。

因此,在机组资源管理中,机组的决策是一个群体的加工过程,在驾驶舱中有许多软、硬件及可用的人力资源,如机组其他成员、空中交通管制员、交通调度员等各种各样的信息源,机长需通过从机组成员及从驾驶舱外信息源输入的信息来做好决策。在紧急状态下,机组决策涉及飞机与旅客的安全,机长应准备好必要的应变方案,运用各种主客观条件,选择最有希望的方案行动,尽量化险为夷,同时留有余地,以便在变化及不测事情发生时能应付自如。

决策过程主要分为五个步骤:①识别和鉴定问题;②收集信息来评估所处的情境,如机长确定需要什么信息,谁提供这些信息,信息是否被机组其他成员所证实;③确定和评估选择的解决办法;④实施及执行决策;⑤复查修订决策。

二、提高机组决策能力的途径

一个好的飞行决策,取决于对飞行安全的个人态度,对风险的评估及想象,认识及适应紧张压力的能力,飞行决策实施的效能等。

机组决策是集体参与的过程,机组资源管理的最终目标就是提高机组整体判断决策的能力。要提高机组决策能力,需要着重培养以下几点。

(1) 建立良好的处境意识和有效的沟通交流途径。处境意识有赖于有效的沟通交流、信息获取、机组配合及机长的领导艺术。

(2) 对他人发生事故进行分析评价,对决策判断能力进行自我训练。

(3) 重视决策行为中的逆反意见,不同意见的发表相当于提出了更多可供选择的方案;不同意见之间的争论,可使各个方案的利弊得以充分显现;不同意见的讨论,便是统一决策认识的过程,反对意见往往就是一个现成的补救方案,可体现出群策群力的作用,不致临渴掘井,束手无策。

如在机组中,副驾驶是机长的助手,在职责上是机长的下级,但在机组资源管理中处于重要地位,在交流上和机长处于同样的水平。必须消除等级观念,敢于提出反对意见,副驾驶需寻求与机长之间的良好的理解沟通;提醒机长已犯下错误;要求机长改变错误的决策;忠告机长的错误决策将使飞行处于非常危险的境地。

三、差错管理

差错,从本质上而言是无意识的人的错误,一般是由于注意力分配不当或注意力分散而导致的所做与所预期的结果有偏差。

一般表现为做了不该做的事,该做的事不够充分、不完整,甚至没有做。例如,当宣布飞机因技术原因延迟 1 小时起飞时,机场人员却仍按原离场计划时间通知旅客登机;飞行员没有接到 ATC 的许可就擅自起飞或着陆,维修时遗漏了检查单上的一

些项目等。这些差错都有可能同时或相继引发其他类似差错的产生。

造成差错的内部环境主要有：缺乏专业技术知识、疲劳、身体不适、个体间的冲突等；造成差错的外部环境主要是气象条件、飞机故障、错误信息等。1993年，大韩航空公司在日本发生的事故就是一个明显的案例：由于气象原因，飞机在着陆过程中未能对准跑道，机组因意见不一致而发生冲突。机长认为可以落地，副驾驶却认为不能，要求复飞。冲突未能得到及时有效的解决，机长带着情绪继续操纵飞机落地，导致差错发生，飞机在进入跑道前触地，造成事故。

从差错管理的角度，人们可以提高技能，尽量控制、减少差错这一人类所固有行为的发生，能够接受差错，防止关键差错，而不会产生十分严重的后果。如飞行技能的提高，可使机组成员在意外情况发生时消除紧张情绪，从容应对，避免事故的发生。一旦出现差错，飞机上装有的多套液压系统或多套电气系统，能保障在一个系统出现故障时还有其他几套系统可供使用。同时，在差错管理上，检查和交叉检查方式的运用，会查到正常和已知情况下大多数普遍的差错。对于装有多台发动机的飞机，不安排在同一次完成磁性堵塞检查清洗工作，可避免由于未安装密封圈造成滑油漏光，从而导致飞机发动机的空中停车。

1994年，美国国家运输安全委员会的报告指出，大约有50%的事故发生在航班延误之后。作为机组成员，合理安排好时间和工作量，处理好事务的优先次序，就可避免在忙乱或超负荷的情况下产生更多的差错。

资料链接

1978年，美国联合航空公司一架载有189名乘客的DC-8型客机试图在俄勒冈州波特兰市着陆时坠毁。在飞机接近机场、放下起落架之后，驾驶员立刻发现一个指示灯没有亮。这一故障意味着飞机有一组机轮及其支撑装置在着陆时可能毁坏，甚至发生飞行事故。机组人员决定不再继续接近机场，而是让飞机做椭圆形盘旋飞行，以便机组人员确定起落架是否的确已损坏。随着盘旋飞行的时间越来越长，燃油量降低到了危险水平。机长全神贯注于那个不亮的指示灯，因而未能注意到飞机总的状况。尽管飞行工程师再三警告说燃油越来越少，机长却充耳不闻。到他做出反应并试图着陆时，已经为时太晚。所有四台发动机都停止运转，飞机没有抵达跑道就坠落到一片长着树木的地带上，机上有10人丧生。

对这次事故进行的调查表明，那架飞机的唯一问题就是该指示灯出了故障（虚警）。机长的错误不在于他想要排除一个可能危及生命的机械故障，而在于他没有对在高度紧张的情况下驾驶飞机的其他关键因素给予足够的注意。

这次事故恰好发生在美国国家航空航天局对20世纪50年代末开始使用高度可靠的涡轮喷气发动机飞机之后出现的客机失事原因进行调查的时候。这次调查清楚地表明，70%以上的客机事故或多或少地涉及人为的失误。更令人吃惊的是，大多数这类失误的起因都不是技术上的缺陷，而是由于在信息、合作和决策等方面出了问题。

自我检测

(1) 机组资源管理的含义是什么？
(2) 机组资源管理的影响因素有哪些？
(3) 机长在团队协作中的地位及作用是什么？
(4) 沟通的主要环节及技巧是什么？
(5) 提高决策能力的途径是什么？
(6) 如何有效避免差错的产生？

参 考 文 献

[1] 高宏,安玉新.王化峰.空乘服务概论(第4版).北京:旅游教育出版社,2017.
[2] 刘玉梅.民航乘务员培训教程.北京:中国民航出版社,2007.
[3] 中国民用航空总局人为因素课题组.民用航空人的因素培训手册.北京:中国民航出版社,2003.
[4] 李国.民用航空服务与运营管理实用手册.合肥:安徽文化音像出版社,2004.
[5] 李宣.论客舱安全与管理.安全管理网,2009.

反侵权盗版声明

电子工业出版社依法对本作品享有专有出版权。任何未经权利人书面许可，复制、销售或通过信息网络传播本作品的行为，歪曲、篡改、剽窃本作品的行为，均违反《中华人民共和国著作权法》，其行为人应承担相应的民事责任和行政责任，构成犯罪的，将被依法追究刑事责任。

为了维护市场秩序，保护权利人的合法权益，我社将依法查处和打击侵权盗版的单位和个人。欢迎社会各界人士积极举报侵权盗版行为，本社将奖励举报有功人员，并保证举报人的信息不被泄露。

举报电话：(010)88254396；(010)88258888

传　　真：(010)88254397

E-mail：dbqq@phei.com.cn

通信地址：北京市海淀区万寿路173信箱
　　　　　电子工业出版社总编办公室

邮　　编：100036